REVUE DES DEUX MONDES

Sommaire SEPTEMBRE 2025

Une erreur s'est glissée dans l'article « Clemenceau : la griffe du Tigre » d'Yves de Gaulle, paru dans le numéro de juillet-août de notre revue à la page 23. Il est fait mention de l'amitié entre Georges Clemenceau et le peintre Auguste Renoir, il s'agit bien sûr de Claude Monet.

Éditorial

Sous tension

Lundi 31 mars 2025. Un vent frais souffle sur la capitale. Le soleil brille. Des policiers attendent devant le tribunal correctionnel de Paris. Il est 9 h 40. Plusieurs voitures s'avancent au loin et s'arrêtent au 1, boulevard de Douaumont, dans le quartier des Batignolles. Marine Le Pen descend d'un véhicule et franchit les portes du récent édifice haut de trente-huit étages. La cheffe de file du Rassemblement national et vingt-quatre coprévenus sont poursuivis pour détournement de fonds publics dans le cadre de l'affaire des assistants parlementaires européens. À 10 heures commence la lecture du jugement. À 12 h 30, le verdict tombe : l'élue est condamnée à cinq ans d'inéligibilité avec application immédiate. S'ajoutent quatre ans de prison, dont deux ferme aménageables avec port d'un bracelet électronique, et 100 000 euros d'amende. Aussitôt la peine prononcée, les commentaires fusent un peu partout en France : certains applaudissent la décision et louent un progrès pour la démocratie, d'autres la déplorent, accusant une « justice partiale », un « procès politique ». Plus les jours passent, plus des voix s'élèvent pour défendre ou discréditer l'appareil judiciaire. Les magistrats sont la cible d'intimidations. La juge Bénédicte de Perthuis, qui a prononcé la sentence, est menacée de mort.

Les reproches envers la justice sont anciens. Au XVIIe siècle, Jean de La Fontaine multiplie les attaques contre les gens de robe : « Selon que vous serez puissant ou misérable, les jugements de cour vous rendront blanc ou noir » (*Les Animaux malades de la peste*). Dans *Le Juge arbitre, l'hospitalier et le solitaire*, le fabuliste fustige le système et appelle à corriger « cette folle et détestable envie », à savoir recourir sans cesse aux tribunaux :

« Depuis qu'il est des lois, l'Homme pour ses péchés
Se condamne à plaider la moitié de sa vie.
La moitié ? Les trois quarts, et bien souvent le tout. »

Le Français se méfie des juristes et redouble de griefs contre l'institution : trop lente, trop laxiste, trop syndicalisée. Il la considère tantôt à la solde du pouvoir, tantôt à charge. Même les représentants politiques la brocardent : « Méfiez-vous des juges, ils ont tué la monarchie. Ils tueront la République », disait François Mitterrand en 1995. En 2007, Nicolas Sarkozy comparait les magistrats de la Cour de cassation à des petits pois, « même couleur, même gabarit, même absence de saveur ». L'existence d'un « mur des cons », révélée en 2013, a malheureusement écorné un peu plus son image : dans un local du Syndicat de la magistrature étaient épinglées sur un panneau des photographies de victimes et de diverses personnalités publiques – majoritairement de droite et d'extrême droite. Une consigne indiquait : « Avant d'ajouter un con, vérifiez qu'il n'y est pas déjà. »

Nulle structure n'étant parfaite, la critique se révèle nécessaire quand elle cherche à améliorer l'existant, elle est d'ailleurs l'une des caractéristiques de la démocratie : pointer les défauts ou les imperfections d'un organisme ou d'un service sans crainte de représailles. Mais lorsque les remarques deviennent dénigrement ou remise en cause des institutions, un point de rupture est atteint. Attaquer les assises de la République, dresser la société contre la justice garante d'un État de droit pour saper la confiance des citoyens relève d'intentions populistes. Donald Trump mène une guerre sans merci contre l'administration judiciaire américaine, cherchant à réduire au minimum ses marges de manœuvre – le sort des migrants sur son territoire en est un exemple significatif. À ce petit jeu, les États-Unis risquent de sombrer dans une crise constitutionnelle. La situation est heureusement moins grave chez nous, même si la défiance envers la justice s'amplifie. L'ancien procureur de la République François Molins explique les raisons de ces réserves dans notre numéro. L'une d'elles tient à l'évolution de l'office des juges : la Constitution de la Ve République stipule dans son article 55 la primauté du droit européen sur le droit français. Comme le volume des normes augmente, les trois ordres de la justice – judiciaire, administratif et constitutionnel – voient leur périmètre d'action s'élargir : ils interviennent dans tous les secteurs. Ce ne sont pas les juges qui se sont arrogé de nouvelles prérogatives mais bien l'exécutif et le Parlement qui les leur ont attribuées après des lois débattues et votées. Autre cause de ce scepticisme : les sanctions particulièrement sévères infligées aux hauts responsables politiques pour faits de corruption. L'ancien vice-bâtonnier du barreau de Paris Basile Ader évoque les scandales politico-financiers dénoncés depuis les années quatre-vingt (Urba, sang contaminé, évasion fiscale...). L'aspiration à la transparence des électeurs est de plus en plus manifeste. Personne n'est au-dessus des lois. Les représentants politiques sont des justiciables comme tout le monde. La récurrence des affaires a entraîné l'essor d'un journalisme dit d'investigation. La presse joue désormais un rôle important : elle enquête sur les sphères du pouvoir et publie les résultats de ses recherches. Si la dénonciation d'abus ou de dysfonctionnements est convaincante, la justice décide souvent d'engager des poursuites pénales. Apparentés à de véritables lanceurs d'alertes, les journalistes entretiennent des relations étroites avec les juges et les avocats. On peut saluer ce duo qui œuvre pour l'intérêt général, on peut aussi craindre des dérapages comme la fuite d'informations dans les médias ou la violation du secret de l'instruction. Le juge est parfois même suspecté de vouloir régler des comptes. La grande perdante dans ces histoires est toujours la probité.

Devant le palais Bourbon, deux déesses veillent : Thémis et Athéna. La première incarne la justice, la seconde la sagesse. Le sculpteur Jean-Antoine Houdon (1741-1828) a retenu le symbole de la balance pour la fille d'Ouranos et de Gaïa. Le bandeau quelquefois placé sur les paupières, qui représente l'impartialité, a disparu. Peut-être est-ce une invitation à rester objectif et incorruptible, les yeux grands ouverts sur notre société et sur le monde.

Bonne rentrée !

Aurélie Julia

Retrouvez des éditos, des critiques, des reportages, des entretiens sur notre site www.revuedesdeuxmondes.fr.

COUPLE JUSTICE POLITIQUE
COUP DE FOUDRE
L'AMOUR
ON S'AIME
ON SE FAIT CONFIANCE
AVEC LE TEMPS ON SE MÉFIE
TU EN AIMES UN AUTRE
ET ON SE SÉPARE
JE TE CONDAMNE
JE TE RÉFORME
u r b s

GRAND ENTRETIEN

PASCAL BRUCKNER
« Déclinisme et catastrophisme provoquent des ravages dans nos esprits »

propos recueillis par Aurélie Julia

Demeurer vivant, telle pourrait être la devise de Pascal Bruckner. Cet amoureux de la vie et de la liberté observe notre époque tantôt avec enthousiasme, tantôt avec agacement. Si la folie du monde le déconcerte parfois, jamais elle ne le rend amer : l'existence est excès, dilapidation ou elle n'est pas, affirme-t-il. Lorsque l'avenir affole les esprits craintifs, le philosophe l'attend avec optimisme : le progrès est chez lui source d'admiration et d'éloges.

Depuis les années soixante-dix, l'essayiste scrute la société et s'intéresse à ses transformations. Il est capable de parler histoire, politique, affaires étrangères, mœurs, religion : en un mot, de tout ce qui relève de la culture générale. C'est l'honnête homme du XVIIe siècle, celui qui écoute sans *a priori* et repère les tartuffes.

Le juré du prix Goncourt dévore les livres classiques ou contemporains. Il raffole de musique afro-américaine – gospel, blues, jazz, soul, funk. Il aime jouer du piano et danser. Plus inattendue, sa passion pour les films d'horreur, qui lui permettent d'évacuer les angoisses quotidiennes : les zombies, morts-vivants ou fanatiques de la tronçonneuse ont chez l'intellectuel une vertu cathartique. Il s'en amuse, lui qui ne craint ni l'autodérision ni l'humour.

Penseur engagé, Pascal Bruckner partage ici ses points de vue et ses convictions sur des sujets nationaux et internationaux.

Revue des Deux Mondes - Depuis *Le Sanglot de l'homme blanc,* paru en 1983 (1), vous scrutez la société occidentale, ses dérapages, ses excès, son sentiment de culpabilité. Un doute mortifère l'habite, affirmez-vous. Lequel ?

Pacal Bruckner Le monde occidental, et surtout l'Europe, reste rongé par le remords de son histoire. Les « nouveaux philosophes », dans les années soixante-dix (André Glucksmann, Bernard-Henri Lévy, Jean-Marie Benoist pour l'essentiel), ont, en France, dans la lignée de Aron et Camus, porté un coup fatal au totalitarisme soviétique. Déjà le communisme, dominant dans la gauche française, avait été mortellement blessé par les événements de 1968. Seul le tiers-mondisme, appelé de nos jours « décolonialisme », s'est maintenu et même renforcé. Pour le définir en deux mots : l'Europe aurait commis un péché originel il y a cinq siècles avec la colonisation de l'Amérique par Christophe Colomb. Tous les malheurs qui nous affligent prennent leur source dans cet événement funeste, y compris le nazisme, simple appendice du colonialisme, comme l'expliquait Jacques Vergès au siècle dernier. Hitler s'est précédé lui-même chez les conquistadors et le navigateur génois. Ce doute mortifère a été activé après la Seconde Guerre mondiale par le mouvement des indépendances en Algérie, en Afrique noire, au Vietnam. En 1955 a eu lieu la conférence de Bandung : les pays non alignés voulaient en finir avec l'opposition Est-Ouest et la mainmise du monde occidental sur les sociétés renaissantes. Il y a eu l'espoir d'un tiers-monde qui proposerait un nouveau contrat humain, social, anthropologique où la domination de l'homme blanc sur le reste de la planète disparaîtrait. Malgré les déconvenues cruelles – Chine, Cambodge, Cuba, Vietnam, révolution islamique à Téhéran –, le mouvement a repris avec le politiquement correct aux États-Unis, puis le wokisme, qui n'est jamais que la tentative d'imposer à l'Amérique la mauvaise conscience européenne. C'est le fameux Projet 1619 du *New York Times* lancé en 2019, qui se proposait de réécrire toute l'histoire des États-Unis non autour des pèlerins du *Mayflower* débarquant sur une terre d'asile en 1620, mais autour de l'arrivée à Jamestown, en Virginic, en 1619 d'un navire contenant une vingtaine d'Africains capturés par les Portugais, qui marque le début du calvaire des Afro-Américains. J'imaginais, avec mon livre, décrire un mouvement déclinant, en réalité le repentir occidental ne cesse de revenir.

Pascal Bruckner est philosophe, romancier et essayiste. Dernier ouvrage publié : *Je souffre donc je suis. Portrait de la victime en héros* (Grasset, 2024).

Emmanuel Macron en est l'exemple criant : persuadé que la France a commis un « crime contre l'humanité » en Algérie, il veut instituer un traité d'amitié avec le président Tebboune, qui le balade. C'est pourquoi il a si peu agi pour Boualem Sansal. Dès le départ, sa vision est erronée : l'expression « crime contre l'humanité » fait référence à la Seconde Guerre mondiale. Macron veut faire avec l'Algérie ce que Jacques Chirac a fait pour la rafle du Vél' d'Hiv. La comparaison est inopérante. Il n'y a pas eu de génocide en Algérie même si des crimes effrayants ont été commis. La guerre civile a éclaté vingt ans après la guerre d'indépendance car l'Algérie n'a pas réfléchi sur sa propre violence ni sur les atrocités de sa libération. Nos élites de droite comme de gauche sont paralysées par la contrition vis-à-vis de cette dictature islamo-soviétique. On confie la question algérienne à la mémoire et non à des commissions d'historiens de part et d'autre de la Méditerranée ; il est urgent d'évacuer la dimension affective pour rentrer dans la description précise des faits. La junte algérienne veut tirer des rentes mémorielles sans fin sur la France, elle nous insulte et nous courbons l'échine. À ce stade de détérioration de nos relations, une rupture nette et franche me paraît la moins mauvaise solution. Nous n'avons pas besoin de l'Algérie. Bon vent !

Nous voyons apparaître des mouvements masculinistes. Sont-ils la réponse au « sanglot de l'homme blanc » ?

Le virilisme n'est pas un phénomène nouveau. Aux États-Unis, la guerre des sexes a commencé dans les années cinquante-soixante et ne s'est pas arrêtée depuis. Trump ne vient pas de nulle part. Dans les années quatre-vingt-dix, un certain nombre de leaders rassemblaient des hommes en forêt qui se tapaient sur la poitrine en poussant des cris de primates, pour retrouver leur virilité. Chez les féministes, Valerie Solanas publie dès 1967 le *SCUM Manifesto, Society for Cutting Up Men*, qui encourageait l'émasculation des hommes. Dès le XIXe siècle, les premiers mouvements d'émancipation des suffragettes entraînaient la peur des hommes de ne pas être à la hauteur, de connaître la débandade dans tous les sens du terme. Depuis cinquante ans, le doute s'est emparé du phallus : arme mortelle dans le viol, il est requis pour l'étreinte amoureuse en toute majesté. Sacré défi pour les garçons : aujourd'hui comme hier, malheur aux impuissants ou aux défaillants. Récusé comme macho, l'homme est toujours requis comme amant. Le divorce possible entre masculin et féminin a été anticipé par Alfred de Vigny dans son poème *La Colère de Samson* : « La Femme aura Gomorrhe et l'Homme aura Sodome, / Et, se jetant, de loin, un regard irrité, / Les deux sexes mourront chacun de son côté. » Il y a incontestablement une amélioration des libertés des femmes, une expansion du travail féminin, une augmentation des salaires ; les femmes dominent dans la justice, l'éducation, la littérature, l'édition et bientôt, je l'espère, dans les sciences. Mais on sent parfois, inspirée de ce qui se passe outre-Atlantique, une envie de sécession par rapport aux hommes. La grande particularité française depuis l'Ancien Régime est la mixité et la visibilité du féminin malgré les inégalités criantes. La merveilleuse romancière américaine Edith Wharton, qui a vécu plus de vingt ans en France, était frappée pendant la Première Guerre mondiale de voir les femmes s'occuper des travaux des champs, boire dans les cafés ou se retrouver dans les gargotes, travailler et vivre comme des hommes alors que ceux-ci étaient partis au front. La France reste un pays de conversation et de séduction entre les sexes.

« La France porte, et pour longtemps, le stigmate de la débâcle et du vichysme. Nous rejouons sans fin l'Occupation », avez-vous écrit dans *Un bon fils* (2). Quelles sont ces cicatrices ?

Le véritable traumatisme dont souffre notre pays n'est pas le colonialisme mais la défaite de 1940. La France s'est retrouvée subitement dévirilisée : son armée victorieuse de 1914-1918 s'est effondrée devant l'intelligence et la rapidité de l'offensive allemande. Dans les familles, on ne parlait que de cela : à qui, à quoi attribuer l'anéantissement des forces françaises ? Le maréchal Pétain accusait l'esprit de jouissance, d'autres les juifs, d'autres les ploutocrates ou les Anglo-Américains... Qu'importe, la France ne s'en est pas remise. Les guerres en Algérie et en Indochine ont ravivé la plaie. Le colonialisme a été le fait des élites et non du peuple. Raoul Girardet l'explique bien (3). Les partisans de l'outre-mer ont organisé l'Exposition coloniale de 1931 pour sensibiliser les Français à cette aventure qu'ils jugeaient prestigieuse, en Indochine, en Afrique noire, au Maghreb. S'il y a eu une curiosité pour l'exotisme, l'adhésion populaire a toujours été de surface. D'autant que l'impérialisme a été une mauvaise affaire sur le plan économique, Jacques Marseille l'avait bien démontré. L'indépendance des nations africaines et surtout de l'Algérie a été pour nous une libération : enfin débarrassés de ce fardeau ! Qu'allions-nous faire dans cette galère ? La France a été ébranlée par les trois défaites subies face à l'Allemagne de 1870 à 1940, si l'on admet que la victoire de 1914-1918 nous a laissés épuisés. Nous vivons hantés par la période de l'Occupation et de la collaboration. Et nous traduisons les problèmes de l'immigration dans les mêmes termes que les rafles des juifs. Tout le vocabulaire politique est marqué par un antifascisme et un résistantialisme persistants qui éclatent au moindre conflit. Nous répétons sans fin le même scénario. Puisque la Seconde Guerre mondiale a atteint un sommet dans le mal, nous contemplons cet événement les yeux grands ouverts : l'horreur continue de nous fasciner.

En mai 1968, vous avez 19 ans. Avez-vous épousé de grandes causes politiques ?

Pas du tout ! J'arrivais de Lyon, j'étais en khâgne au lycée Henri-IV. Je ne connaissais ni le marxisme ni le trotskisme, encore moins le maoïsme. Et je ne fus jamais gauchiste, pas même un jour. Ce furent deux mois de vacances ! J'étais tous les jours à la Sorbonne. J'absorbais les théories un peu fumeuses sur la fin du capitalisme, la grandeur du socialisme… Tout le monde était déguisé : les uns en col Mao, les autres en béret du Che, d'autres encore en veste Lénine. Il ne manquait que les révolutionnaires français en frac et redingote pour achever la panoplie ! On se préparait la journée et, le soir, on se retrouvait sur les barricades. C'était assez joyeux. Je n'ai rien compris à ce qui se passait. On parlait de cette déesse absente, la Révolution, sans savoir en quoi elle consistait. Tout s'est arrêté à l'été avec le retour de l'essence dans les pompes. C'est ça, le véritable esprit français : la révolution d'abord et ensuite les vacances !

L'héritage de 1968 est parfois malmené aujourd'hui. À tort ou à raison ?

Les deux. Mai 68 a été une révolution anti-autoritaire, individualiste et non prolétarienne. Le Parti communiste a été balayé : il est passé de 25 % à 3 % en 2025. L'héritage de 1968 est plutôt celui des minorités, du féminisme, de la libération des homosexuels – le wokisme, ce progressisme dévoyé, a repris ces idées-là en les tordant. Mais 1968 a ouvert les fenêtres sur le monde, mis de l'air dans la société figée, pesante du gaullisme déclinant. Parmi les aspects négatifs à relever, citons l'hyper-individualisme, le narcissisme triomphant, la désagrégation de la communauté, la fin de l'idée de patrie et de frontière, la victimisation galopante, la déconstruction générale de tout ce qui fait société. Chacun a eu l'illusion de vivre seul dans une société qui devait être à son service.

Quel rôle a joué Jean-Paul Sartre dans votre vie ?

Il fut longtemps un père de substitution, un maître à penser. Je l'ai découvert à 13 ans. À 17 ans, je lisais religieusement *L'Être et le Néant*. La première déconvenue date de Mai 68 lorsque Sartre, venu en Sorbonne, a été rudoyé. C'était un vieux monsieur, à la voix métallique. Son strabisme, aggravé par l'âge, n'arrangeait rien. Les jeunes chevelus hurlaient : « Ta gueule, Sartre ! » Foucault, Deleuze, Derrida l'avaient marginalisé. Vladimir Jankélévitch, destitué de l'université parce que juif, l'accusait de ne pas avoir pris les armes pendant la guerre comme Cavaillès ou Canguilhem. J'ai relu les *Mémoires* de Simone de Beauvoir. Elle raconte avec une candeur désarmante son tour de France avec Sartre en 1941. Le couple a faim, n'a pas d'argent. Les deux veulent s'engager mais ils essuient partout des refus : ni l'un ni l'autre ne savent tenir un fusil. Ils regagnent alors tranquillement Paris, vont au *Flore* pour se réchauffer près du poêle, font publier leurs livres... J'ai aimé Sartre, j'ai détesté ses engagements. Aujourd'hui je reconnais chez lui une forme de génie dans l'écriture, mais aussi dans l'égarement, puisqu'il s'est trompé dans ses causes en louant Mao Zedong, Castro, le FLN, l'Union soviétique... Il aurait pu, dès 1956, reconnaître ses erreurs, mais il n'a rien dit par haine de soi. Ce fils de bourgeois voulait la mort de la bourgeoisie envers et contre tout ; cela l'a desservi. Son attitude envers Raymond Aron a été indigne. On a remplacé Sartre par Camus qui, lui, a fait une critique du totalitarisme. Mais attention aux sanctifications posthumes !

Votre dernier livre, *Je souffre donc je suis* (4), s'intéresse à la figure de la victime érigée au rang de héros. À la différence des États-Unis, nous sommes dans l'auto-flagellation permanente. D'où vient cette approche radicalement différente ?

L'Amérique est fondée sur un pacte fondamental : la confiance en soi. Cela s'explique sans doute par le caractère religieux du pays. Cette foi n'est pas tellement une foi en Dieu, mais en l'Amérique elle-même comme réincarnation de la Jérusalem céleste sur terre. Capitol Hill, la colline enchantée, va refonder le pacte du peuple humain avec Dieu. Cette confiance ne s'est jamais démentie, malgré des périodes ténébreuses. L'Amérique s'est embourbée dans un certain nombre de conflits internes – la guerre de Sécession reste son grand traumatisme –, mais elle a très vite fini par vaincre l'Europe sur son propre terrain. Elle a combattu les impérialismes européens pour devenir impérialiste à son tour. La philosophie fondamentale du Nouveau Monde relève d'une promesse d'amélioration permanente. Ce qui meut l'Amérique, c'est l'esprit d'exploration, ce qui nous pousse, c'est l'esprit de précaution. Chez nous, au nom du réchauffement climatique, les activistes bloquent de nombreux projets : les usines pour retraiter le bois, la création de plans d'eau, l'ouverture de nouveaux tunnels, de nouvelles autoroutes. Même si l'Amérique est frappée des mêmes maux que la France et connaît les mêmes impasses idéologiques, le pays a confiance en la capacité de l'homme à forger son propre destin. Ce sont les « *Yes we can* » de Barack Obama, les « *Make America great again* » de Ronald Reagan repris par Donald Trump. Mais le trumpisme est lui-même un hyperwokisme. Qu'est-ce que le wokisme ? L'idée qu'un certain nombre de minorités, les femmes, les homosexuels, les « gens de couleur », sont des victimes héréditaires et le seront de père en fils et de mère en fille. Quoi qu'il fasse, l'homme blanc continuera à régner sur la planète et à écraser les minorités. Donald Trump combat le wokisme, mais il élargit le périmètre de victimisation à la nation tout entière. « L'Amérique est le pélican du monde, dit-il. Depuis trente ans, les Chinois nous volent, l'Amérique latine nous envahit, les Européens sucent notre sang. Nous sommes les sacrifiés du globe mais aujourd'hui, grâce aux droits de douane, l'Amérique va retrouver sa fierté. » Les Américains, comme un seul homme, ont approuvé : oui, nous travaillons pour que le reste du monde s'enrichisse à nos dépens. Le président a réussi à transformer la nation la plus riche de la terre – le niveau de vie y dépasse de 30 % celui de la France – en une sorte de martyre de l'exploitation de l'homme par l'homme. Cela relève du génie de la communication et d'un terrain fertile en autoapitoiement. Trumpisme et wokisme sont les deux faces d'une même médaille qui puise au maccarthysme et au puritanisme des Pères fondateurs. Ce pour quoi l'Amérique est le pays du combat entre la liberté et la censure en dépit du premier amendement (5). J. D. Vance est venu à Munich nous faire la leçon sur la liberté d'expression en Europe alors que pas un journal américain n'a publié les caricatures de *Charlie* et que Shakespeare, Margaret Atwood et bien d'autres sont interdits dans les écoles de nombreux États. Quelle farce !

L'Amérique a confiance en l'avenir. L'Europe le craint. Pourquoi ?

L'Europe est frappée par une sorte de défiance mortelle vis-à-vis du progrès, de la technique, des produits que l'homme a fabriqués pour sa survie. Toute une partie de l'intelligentsia, de droite comme de gauche, prône le retour en arrière, la régression. Nous avançons l'œil dans le rétroviseur. C'était mieux avant ? Vraiment ? Sans traitements contre le cancer, sans antibiotiques, sans ces merveilleuses inventions qui ont aboli la distance ? Les antimodernes raffinent dans le pessimisme, l'éloge de la prudence, le principe de précaution inscrit dans la Constitution sous Chirac : avant même d'inventer quoi que ce soit, il faudrait en imaginer tous les dégâts possibles sur nos enfants, nos petits-enfants. Résultat : l'Europe réglemente, l'Amérique et la Chine inventent. On tue l'avenir en le décrétant fini. Déclinisme et catastrophisme provoquent des ravages dans nos esprits. Au lieu d'armer les enfants pour affronter les défis, on les affole. Voyez le développement de l'écoanxiété relayée par la jeune Greta Thunberg, aujourd'hui pro-Hamas : grâce à la complaisance d'adultes infantilisés, le pape François, Angela Merkel, Emmanuel Macron, le Forum de Davos, elle a fait une psychanalyse personnelle sur le dos de la planète, en prônant la panique. Au nom de l'environnement, on s'interdit de penser les aspects positifs de la technique. Imagine-t-on sérieusement arrêter le progrès médical et scientifique ?

En 2021, vous avez passé trois jours et trois nuits à l'abbaye de Lagrasse en compagnie d'une quinzaine d'écrivains (6). Or vous vous dites réfractaire à la foi. Comment comprendre votre rapport à la religion ?

J'ai baigné dans le catholicisme de l'école libre aux pères jésuites. J'ai servi la messe. Je connais toujours mes prières en latin et en français. Ces dernières années, je me suis rendu deux fois en Irak pour les chrétiens d'Orient. Si je ne crois plus en Dieu, je reste un chrétien culturel. Paradoxalement, l'islam a réveillé le christianisme, qui est le principal rempart contre le prosélytisme de cette foi : la religion doit arrêter la religion. Si la laïcité à la française demeure le meilleur principe de cohabitation et d'apaisement des religions, elle ne peut être une foi de substitut et ne fera jamais vibrer, par elle seule, des jeunes gens qui aspirent à une transcendance. L'islam offre un horizon de sacré à des milliers de croyants potentiels. Emmanuel Carrère l'avait dit à propos de *Soumission,* de Michel Houellebecq : il est possible que l'islam soit au XXIe siècle ce que le christianisme a été pendant l'Empire romain, c'est-à-dire l'étape d'après. Si c'est cela, c'est inquiétant : le christianisme a été un progrès par rapport à l'Empire romain, ne serait-ce qu'à travers l'idée de l'égalité et de l'universalité. Je me souviens des pages extraordinaires consacrées à la religion du Prophète dans *Tristes Tropiques* (7) : religion de corps de garde, régression théologique, soumission du féminin, allergie à l'altérité, obstacle entre l'Orient et l'Occident. Ces pages vaudraient aujourd'hui à Claude Lévi-Strauss un procès en islamophobie. L'islam est à mon sens une religion blessée et meurtrie même s'il progresse numériquement. Il n'a pas pu se réformer à la fin du XIXe siècle, il a raté la *Nahda*, sa « renaissance culturelle ». Il est dans un rapport de ressentiment et de raidissement vis-à-vis de la modernité, de l'Europe, des anciens colonisateurs. Les attentats de 2015, l'égorgement du père Hamel, les assassinats dans une basilique à Nice et les morts sur la promenade des Anglais ont provoqué un déclic horrifié. On sent bien que le christianisme se ressaisit et se renforce. Il demeure notre colonne vertébrale. Les prêtres remettent l'habit. L'assistance à Pâques était extrêmement nombreuse dans les églises de France cette année. Si les vocations chutent, un élan revient. La ferveur autour de Notre-Dame en est un autre signe. N'oublions pas le nombre important de conversions de musulmans au christianisme, dont on ne parle pas par peur d'être accusé de racisme. Dans le monde arabo-musulman lui-même – une enquête sérieuse sur le sujet manque –, les défections ou conversions sont nombreuses. L'islam aussi est travaillé par la modernité et les libertés. Nous devons encourager ces dissidents, leur apporter notre soutien. On entend dire que les actions militaires des États-Unis et d'Israël en juin sur l'Iran, auxquelles la France a eu tort de ne pas s'associer, vont détruire l'aura de l'Occident dans le « Sud global ». Je n'y crois pas un instant. C'est toujours vers l'Europe que les yeux se tournent et non vers la Russie, la Chine ou le Qatar. L'Occident reste bien le centre du monde, ne serait-ce que par la haine que lui vouent les régimes autoritaires, Iran, Russie, Chine, Corée du Nord. Nos ennemis sont beaucoup plus faibles qu'ils ne le disent.

La spiritualité pourrait-elle être une réponse à la perte de sens ?

Quelle perte de sens ? N'y a-t-il pas plutôt un excès de sens ? J'ai adoré Camus, mais je n'ai jamais cru au pathos de l'absurde. Pour moi, le sens de la vie apparaît dès la naissance : survivre, croître, s'imposer un certain nombre de buts, célébrer le miracle d'être vivant. Camus a appris l'absurde chez Dostoïevski, qui en faisait l'essence du nihilisme. Si Dieu est mort, tout est permis. Oui, tout est permis, et surtout les bonnes nouvelles ! Nous sommes libres, enfin, nous ne sommes plus obligés de vivre selon un certain mode de vie imposé par un guide, une foi, une tradition. Dieu est peut-être mort mais nous vivons beaucoup mieux que nos ancêtres et plus longtemps. Le sens est partout mais il n'est plus assigné par une instance extérieure, il est inhérent à nous-mêmes, c'est à nous de le trouver. Quand certains déplorent la perte du sens, ils déplorent en réalité une perte de rituel. L'Église de mon enfance était un ordre, on faisait la prière matin et soir, on allait à la messe, tout le monde était catholique, c'était rassurant. Nous vivons dans un temps où la spiritualité est plus subjective, plus personnelle. Il y a toujours la recherche d'une signification au-delà des buts matériels. On parle souvent du désert spirituel de l'Occident, et notamment de la France. Je voudrais savoir quelle civilisation offre autant de musées, de médiathèques, de bibliothèques, de librairies, de concerts, autant d'occasions pour les enfants de jouer du piano, du théâtre, de faire de la musique, d'aller à l'opéra. La réponse est simple : aucune !

Nous avons annihilé la souffrance avec les psychotropes. Prochaine étape : vaincre la mort. Avez-vous peur de la grande Faucheuse ?

Bien sûr. Je redoute néanmoins davantage la mort dans la vie que la mort elle-même. Je croise tellement de zombies… La mort comme basculement fatal peut être abrégée par une piqûre. Ce qui est terrible, c'est l'agonie, la souffrance interminable, l'infirmité, la déchéance. N'est-il pas stupéfiant que les retraites et la fin de vie soient les seuls objets de débat en France ? Voir des jeunes gens manifester pour la retraite à 60 ans, avant même d'avoir commencé à travailler, alors que les Ukrainiens meurent pour leur liberté, me navre. À croire que notre pays n'a pas d'autre objectif que la survie. Arrêter l'existence d'un patient en phase terminale quand il nous le demande en toute conscience ne nous fera pas basculer dans la barbarie. La Belgique, la Suisse, les Pays-Bas le font déjà. Ce ne sont pas des pays barbares !

Parlons littérature. Sartre, Gide, Malraux, Michaux, Queneau, Breton, Camus ont été les mentors de votre jeunesse. Le sont-ils toujours ? Quels liens existent-ils entre eux ?

Oui, toujours, même si je les lis moins. J'ajouterai à cette liste *Alice au pays des merveilles* et *Tintin*. Le lien, c'est le burlesque, le non-sens, le goût du merveilleux quotidien. Le surréalisme a été la grande aventure de mon adolescence, parallèlement à Sartre et Camus : j'aimais le goût des entrechocs savoureux, cette manière de tordre les énoncés, de venir à bout de la rationalité bourgeoise dans laquelle la France baignait. André Breton était mort quand je suis arrivé à Paris, de même j'ai raté le mouvement hippie en Inde où je n'ai débarqué qu'en 1980. Je suis un lecteur passionné, écartelé entre l'envie de lire ou relire les classiques et celle de débusquer les nouveaux talents. On n'en finit pas de prospecter la bibliothèque mondiale.

Les dictateurs tremblent devant la littérature. On le voit dans les traitements réservés à Boualem Sansal, emprisonné, à Kamel Daoud, menacé, à tous les écrivains et poètes mis derrière les barreaux. Dans nos sociétés dites libres, quel rôle peut-elle jouer ? Qu'attendez-vous d'elle ?

J'attends pour elle des lecteurs et de l'inspiration ! Tout le monde veut écrire, mais plus personne n'a le temps de lire. On m'aborde dans le métro, dans la rue pour me donner des manuscrits. J'ai un texte, j'ai un texte, qui veut me lire ? Je vois des auteurs de talent, hommes ou femmes, désespérés de ne pas vendre, de ne pas être reconnus. Nous sommes la nation littéraire par excellence qui prend soin de sa langue comme d'un enfant fragile et redoute sa disparition. Mais la chute des humanités est notoire, l'enseignement scolaire baisse comme la qualité de l'orthographe et de l'écriture. L'illettrisme des étudiants en première année de fac consterne les professeurs. Le bac, avec un taux de réussite de 91 %, n'est plus qu'un passeport de contrebande. Les sujets sont pourtant passionnants. Toute notre vie consiste à résoudre un problème de bac en philo ! Le livre est délaissé alors qu'il se multiplie comme des petits pains. Chaque rentrée voit quatre à cinq cents ouvrages proposés à notre attention. Dix à peine survivront, et encore. La surproduction des œuvres entraîne la raréfaction des acheteurs. Même les anciens lisent moins, ils sont happés par leurs écrans, c'est vous dire l'ampleur de la crise. En France, le lecteur reste une lectrice, qui ouvre encore des romans, comme on le voit dans le métro, le bus ou le train. Les femmes sont l'avenir de la lecture et de l'écriture. Mon espoir ? Les 15-20 ans qui recommencent à dévorer les livres.

À propos de jeunesse, vous n'êtes pas toujours tendre envers elle. Vous la trouvez craintive, défaitiste, manquant d'idéal, d'ambition. Comment lui redonner l'espérance et l'envie de se surpasser ?

Je comprends parfaitement l'angoisse d'un jeune de 20 ans qui depuis l'invasion de l'Ukraine en février 2022 est plongé dans un monde en guerre dirigé par des brutes, des fanatiques ou des clowns. Il y a plusieurs jeunesses. Toutes ne sont pas droguées aux réseaux sociaux, à la dégradation de l'espace public, à la violence ou à l'écoanxiété. Il existe des jeunes gens soucieux de préserver l'héritage, de chérir notre pays, voire de le servir et d'affronter l'adversité. Mon seul message : ne vieillissez pas trop vite. Ne devenez pas des adolescents aux tempes grises. Retrouvez les chemins de la confiance et de l'espérance. Les professeurs de désespoir sont légion aujourd'hui. Ils nous expliquent qu'il faut avoir peur, nous préparer au cataclysme final. Le catastrophisme conduit au survivalisme dans ses deux branches : à l'extrême droite, les suprémacistes armés qui se barricadent dans leurs bunkers, surtout aux États-Unis ; à l'extrême gauche, les zadistes, eux aussi brutaux et fadas. Les générations nées depuis les années quatre-vingt ont du mal à affronter les épreuves ou l'infortune. Nous sommes les produits d'une société du confort et de la surprotection. Dès qu'advient un gros orage, une inondation, une canicule, l'État paternel, les sociétés d'assurance nous bombardent de textos pour nous avertir de rester à la maison et de boire beaucoup. Comme si nous étions inaptes à nous diriger nous-mêmes. Aux générations montantes, il faut répéter que l'avenir n'est pas écrit mais qu'il dépend de leur seule volonté. L'humanité a toujours les moyens de venir à bout des problèmes qu'elle se pose.

La beauté ne semble plus être une aspiration essentielle. Pourquoi est-elle si boudée ?

Dans les années soixante-soixante-dix, les féministes ont dénoncé la beauté comme un impératif commercial, un diktat de la mode. Elles y voyaient une injonction masculine pour enfermer les femmes dans leur apparence et les soumettre au martyre de l'autodiscipline. Ou à la boucherie mimétique de la chirurgie, qui produit des milliers de bouches surgonflées et de pommettes saillantes en série. La beauté comme privilège de naissance n'est pas conciliable avec l'égalitarisme ambiant. Les aventuriers, les poètes, les peintres portent encore cet idéal et nous apprennent à changer notre regard sur le monde. Si quelque chose peut nous sublimer, c'est bien la possibilité de contempler chaque jour une œuvre de beauté : un paysage, un visage émouvant, un enfant, une œuvre d'art, en un mot, tout ce qui hisse l'homme au-dessus de lui-même et le relie à l'éternité. Même le quotidien est rempli de petites splendeurs que nous ne savons pas voir. Seul l'émerveillement face au réel peut nous sauver. La beauté étonne et foudroie.

1. Pascal Bruckner, *Le Sanglot de l'homme blanc*, Seuil, 1983.
2. Pascal Bruckner, *Un bon fils*, Grasset, 2014.
3. Raoul Girardet, *L'Idée coloniale en France, 1871-1962*, La Table ronde, 1972, Bartillat, 2022.
4. Pascal Bruckner, *Je souffre donc je suis. Portrait de la victime en héros*, Grasset, 2024.
5. Le premier amendement de la Constitution des États-Unis protège la liberté de la religion, d'expression, de la presse et le droit à se rassembler.
6. *Trois Jours et trois nuits. Le grand voyage des écrivains à l'abbaye de Lagrasse*, Fayard/Julliard, 2021.
7. Claude Lévi-Strauss, *Tristes Tropiques*, Plon, 1955.

La Revue des Deux Mondes à Nancy

12, 13 et 14 septembre 2025

LE LIVRE SUR LA PLACE NANCY

La *Revue des Deux Mondes* s'associe au Livre sur la Place à Nancy. Parrainé par l'Académie Goncourt, ce premier grand rendez-vous national de la rentrée littéraire accueille près de 600 auteurs et 160 000 visiteurs pendant trois jours. Plus de 25 000 personnes assistent aux débats, entretiens et rencontres programmés gratuitement. Le Livre sur la Place 2025 sera présidé par Guillaume Gallienne.

Vendredi 12 septembre

Rencontre avec Guillaume Gallienne
animée par Olivia de Lamberterie

Apéro littéraire avec Gérald Bronner
animé par Clotilde Mengin

Rencontre avec Javier Cercas
animée par Christophe Ono-dit-Biot

Samedi 13 septembre

Lecture musicale
Jean-Marie Gustave Le Clézio a choisi de lire ses textes fondateurs accompagné en musique et en chansons

Entretien avec Valentine Goby, Grégory Le Floch et Antoine Wauters
animé par Laure Dautriche

Entretien Revue des Deux Mondes

Aurélie Julia, directrice de la *Revue des Deux Mondes*, animera une rencontre avec Sorj Chalandon et Paul Gasnier

à l'Hôtel de Ville
samedi 13 septembre à 14 heures.

Dimanche 14 septembre

Entretien avec Richard Malka animé par Patrick Vallélian

Entretien avec Pierre Assouline
animé par Jean-Pierre Kahn et Franck Natan

Parmi les auteurs présents :
Christine Angot, Nathacha Appanah, Pierre Assouline, Gérald Bronner, Emmanuel Carrère, Antoine de Caunes, Kamel Daoud, Raphaël Enthoven, David Foenkinos, Delphine Horvilleur, Hervé Le Tellier, Denis Podalydès, Érik Orsenna, Constance Rivière, Cédric Sapin-Defour, Éric-Emmanuel Schmitt, Leïla Slimani...

www.lelivresurlaplace.fr

DOSSIER

JUSTICE ET POLITIQUE : UN COUPLE EN CRISE

La justice est-elle politisée ?

François Molins

La justice est ces dernières années la cible de critiques de plus en plus nombreuses. Selon ses contempteurs, elle sortirait de son rôle en s'immisçant dans le domaine politique, voire entendrait se substituer à son pouvoir. Pour eux, la justice serait d'abord sous l'emprise d'une idéologie « gauchisante », consistant à voir dans le crime le produit de discriminations sociales et de la misère, et conduisant à une forme de laxisme dans les sanctions prononcées à l'égard des délinquants.

Ce reproche n'est objectivement pas fondé. La durée moyenne des peines d'incarcération prononcées a augmenté de 2,5 mois entre 2012 et 2020 et il n'y a jamais eu une telle population carcérale en France : 82 000 détenus pour 62 000 places disponibles. La justice n'est pas laxiste mais souffre cruellement, depuis longtemps, d'un manque de moyens, qui la conduit parfois à mener des politiques pénales dégradées. Et si la plupart des peines d'emprisonnement décidées sont exécutées, elles le sont dans des délais beaucoup trop longs (92 % de peines exécutées dans les cinq ans). Une peine d'emprisonnement exécutée 18 ou 24 mois après son prononcé n'a plus aucun sens et ne peut donc utilement prévenir la récidive. En juin 2022, le comité des États généraux de la justice avait souhaité

François Molins est procureur général honoraire près la Cour de cassation. Dernier ouvrage publié : *Au nom du peuple français* (Flammarion, 2024).

redonner du sens à la peine et remettre la réinsertion au cœur des condamnations. Cela nécessite des textes de loi et des moyens importants pour les services de probation.

Ces critiques sont aussi fondées sur le fait que les juges s'immisceraient dans le politique et que l'École nationale de la magistrature serait une « école de juges rouges » ! La justice est ainsi de plus en plus contestée, brocardée, au risque de dresser la société contre les juges. Ces attaques sapent la confiance dans la justice et déstabilisent la démocratie, alors que notre société n'a jamais eu autant besoin de transparence et de foi dans ses institutions, et tout particulièrement dans la justice. Comme le disait Jean-Jules Popinot, le juge intègre de *La Comédie humaine*, « se défier de la magistrature est le commencement de la dissolution sociale ».

Mais la question est posée : la justice est-elle politisée ?

Dans le cadre de la promotion du livre que j'ai écrit sur l'exercice de mon métier (1), j'ai eu l'occasion de multiplier les conférences et séances de dédicaces. Presque chaque fois revenait de la part du public la question de la politisation de la justice, généralement suivie de celle-ci : « Et le "mur des cons", qu'en pensez-vous ? »

Le « mur des cons » est ce panneau d'affichage qui se trouvait il y a douze ans dans les locaux du Syndicat de la magistrature et sur lequel étaient épinglées des photographies de diverses personnes signalées comme étant des « cons », dont des politiques, des magistrats et des victimes ou proches de victimes.

Objectivement, cette affaire a fait beaucoup de mal à l'image de l'institution judiciaire, même si elle n'émanait que d'une organisation syndicale minoritaire. Actuellement, certains responsables politiques continuent, par le recours à l'amalgame, à l'utiliser pour accuser la magistrature d'être politisée. Eux qui, par leur fonction, devraient expliquer la difficulté de juger, contribuent à discréditer l'institution judiciaire et donc à l'affaiblir.

Il convient de chercher, sur le fond, les raisons de ces critiques et de cette défiance. Elles tiennent essentiellement à deux phénomènes : l'évolution de l'office du juge – mais c'est la loi qui l'a voulue – et les rapports entre justice et politique.

D'abord, l'évolution de l'office du juge. Dans notre pays, la séparation des pouvoirs s'est longtemps résolue au bénéfice du Parlement et de l'exécutif. Notre époque s'inscrit dans une perspective différente. Désormais, les juges contrôlent de façon approfondie le respect par la loi des normes constitutionnelles, les actes et activités des décideurs publics.

Le champ de compétences du juge s'est ainsi considérablement étendu, ce qui génère des tensions. Le juge n'est plus, selon la formule lapidaire de Montesquieu, la « bouche de la loi ». Il participe à la production du droit car il doit, à travers le contrôle de conventionnalité et de proportionnalité, articuler la loi nationale avec les normes supranationales résultant notamment du traité fondateur de l'Union européenne et de la Convention européenne des droits de l'homme. Aujourd'hui, la loi est une norme parmi d'autres, au sein d'une hiérarchie parfois subtile qui dépasse le cadre national. Mais ce n'est pas du fait du juge. Ce n'est là que la volonté du constituant : il a décidé la primauté de la norme internationale sur le droit interne (article 55 de la Constitution) et c'est bien le Parlement qui a autorisé la ratification de ces engagements internationaux. Le juge reste donc un serviteur de la loi, et la première composante de l'obligation de loyauté à laquelle il est statutairement tenu est de l'appliquer et de l'interpréter conformément aux intentions du législateur.

La deuxième évolution marquante est la promotion des droits de l'homme. De nos jours, l'État de droit est aussi fondé sur un système de valeurs constitué par les droits de l'homme et les libertés fondamentales. Les compétences des magistrats ont donc été élargies et la légitimité de la justice tient à sa capacité à assurer et mettre en œuvre la garantie de nos droits fondamentaux. Le magistrat judiciaire, qu'il soit du siège ou du parquet, tire d'ailleurs de l'article 66 de la Constitution la fonction de protéger la liberté individuelle. C'est sa fonction constitutionnelle.

Dans le même temps, les rapports entre justice et politique ont évolué. Ils se sont progressivement détériorés et sont alimentés par un manque de connaissance réciproque. Dans les années quatre-vingt, à l'occasion d'affaires politico-financières à répétition, la justice a conquis son autonomie décisionnelle et montré qu'elle pouvait s'intéresser aux puissants. Elle s'est affranchie du pouvoir politique dans le respect des valeurs inscrites dans notre Constitution : l'indépendance de l'autorité judiciaire, l'égalité des citoyens devant la loi mais également la liberté de la presse.

Cette évolution s'est faite en parallèle avec le développement dans plusieurs médias du journalisme d'investigation. Dans le domaine de la criminalité financière, les infractions sont le plus souvent occultes, ce qui complique la tâche. Là où les organes de contrôle instaurés par la loi peuvent passer à côté de situations constitutives d'illégalités, le journalisme d'investigation a permis de révéler l'existence de nombreux scandales politico-financiers. La publication de ce type d'articles place toujours le parquet face à un dilemme : déclencher une enquête pénale ou pas ?

Lorsque le résultat des investigations des journalistes est crédible, étayé, documenté et mérite d'être vérifié, comme dans les affaires Cahuzac, Bygmalion ou Fillon, il paraît normal que la justice engage des enquêtes sans attendre que l'infraction soit portée à sa connaissance par un signalement des organes de contrôle. L'expérience montre en effet que ce dernier est inexistant ou trop tardif. Qui comprendrait qu'un procureur avisé de telles infractions s'abstienne d'ouvrir une enquête pour en découvrir la réalité ? C'est justement sa mission : rechercher et faire constater les entorses à la loi pénale pour décider ensuite s'il engage ou pas des poursuites pénales. L'expérience démontre que dans ces situations, quoi qu'il fasse, le procureur sera critiqué. S'il classe sans suite, il sera accusé de protéger l'homme ou la femme politique concerné. S'il décide d'engager une enquête, il sera accusé d'instrumentalisation, d'arrière-pensée et d'une volonté de régler des comptes. Le procureur doit donc faire son travail en conscience et conformément à sa mission.

Les mauvais procès faits à la justice

En réalité, ce n'est pas le procureur ou le juge qui sont devenus des acteurs politiques, c'est l'homme (ou la femme) politique qui est devenu un nouveau justiciable dans un temps où notre société porte une exigence de plus en plus forte de probité et de transparence de la vie publique.

Les commentaires et polémiques suscités par le jugement rendu par le tribunal correctionnel de Paris à la fin du mois de mars dernier contre Marine Le Pen et le Rassemblement national illustrent les mauvais procès faits à la justice, accusée de fausser le jeu de la démocratie et de contrarier la volonté populaire. On accuse les juges d'avoir violé l'État de droit. C'est tout le contraire ! Ils en sont les gardiens à travers l'application de la loi et il faut saluer le courage et l'indépendance dont ils font preuve quand ils prennent des décisions conformes au droit mais dont ils savent qu'elles seront impopulaires et accueillies par des vents contraires. Il appartient en effet aux magistrats, garants de la liberté, de faire respecter le principe d'égalité devant la loi. Ce ne sont pas les juges qui ont inventé la peine d'inéligibilité. Elle a été introduite en 1992 dans notre Code pénal et a été mûrement réfléchie par le législateur qui lui a consacré plusieurs lois successives, chacune venant renforcer la précédente. La peine complémentaire d'inéligibilité a été conçue pour sanctionner les élus qui commettraient des infractions d'atteintes à la probité, et notamment de détournement de fonds publics. Elle a été rendue obligatoire par la loi du 9 décembre 2016, dite loi Sapin 2, adoptée à la suite des recommandations du rapport Nadal (Jean-Louis), président de la Haute Autorité pour la transparence de la vie publique. Le document insistait sur la nécessaire exemplarité des élus et invitait à sanctionner plus sévèrement les manquements à la probité qui discréditent l'ensemble de l'action publique et à écarter systématiquement leurs auteurs des fonctions électives, soit en les privant de leur mandat, soit en les déclarant inéligibles. En éloignant des responsabilités politiques celles et ceux qui ont manqué à leur devoir d'exemplarité, cette peine d'inéligibilité vise à protéger la société et à moraliser la vie publique. La France est en effet une démocratie représentative, c'est-à-dire que ce ne sont pas les citoyens qui gouvernent mais leurs représentants, qu'ils ont élus au suffrage universel. C'est donc l'intérêt évident de tous les citoyens et de la démocratie que les élus soient des personnes intègres et honnêtes. La peine d'inéligibilité vise à protéger la démocratie. Quant à l'exécution provisoire, elle est, elle aussi, prévue par la loi et sert à garantir l'effectivité de la peine.

Concernant Marine Le Pen, les juges ont donc statué dans les limites du droit en appliquant la loi voulue par le législateur. Le juge contribue à la qualité démocratique de la société.

Cette affaire montre bien les frictions entre justice et politique. Dans tous les cas, c'est un fait, quelle que soit son action, ou son inaction, la justice est critiquée. Ces attaques signent une longue défiance du politique envers les juges, défiance encore plus forte aujourd'hui puisqu'elle s'est traduite depuis quelques années par l'abandon de la jurisprudence Balladur (tout membre du gouvernement mis en examen démissionnait), ce qui revient à ne plus tirer de conséquences politiques des poursuites pénales engagées contre des ministres. L'exacerbation de ces tensions interroge sur ce qui serait nécessaire pour les apaiser et retrouver la sérénité, même s'il ne faut pas se leurrer, au regard de la montée des populismes dont l'essence est toujours d'exciter la circonspection des citoyens contre les institutions, et tout particulièrement la justice. Elle doit constituer l'occasion de rappeler les principes fondamentaux de fonctionnement de la justice, qui statue et doit toujours statuer en toute indépendance et impartialité.

Il convient tout d'abord de rappeler que le magistrat, comme tout citoyen, jouit de la liberté d'expression, laquelle doit se concilier avec l'obligation de réserve qui vise à préserver la confiance dans l'institution judiciaire. Le statut de la magistrature stipule que le magistrat s'exprime librement dans la limite de son statut. Le Conseil supérieur de la magistrature a précisé dans son avis rendu le 13 décembre 2023 que le magistrat ne saurait pour autant être obligé au conformisme ou réduit au silence. Enfin, comme le mentionne l'article 10 de l'ordonnance du 22 décembre 1958 portant loi organique relative au statut de la magistrature, « toute délibération politique est interdite au corps judiciaire. Toute manifestation d'hostilité au principe ou à la forme du gouvernement de la République est interdite aux magistrats, de même que toute démonstration de nature politique incompatible avec la réserve qu'imposent leurs fonctions ».

Il n'appartient au corps judiciaire ni de s'exprimer sur un registre purement politique ni de remettre en cause le principe même des institutions républicaines. Pour le Conseil supérieur de la magistrature (dans lequel, faut-il le rappeler, les magistrats ne sont pas majoritaires), le magistrat doit donc exercer sa liberté d'expression dans le respect de son serment – et notamment de l'obligation de réserve, d'impartialité, de délicatesse – et de l'image qu'il renvoie de la justice. Plus précisément encore, le *Recueil des obligations déontologiques des magistrats*, établi par le Conseil supérieur de la magistrature, indique que « le magistrat fait preuve de mesure afin de ne pas compromettre l'image d'impartialité de la justice indispensable à la confiance du public ».

Les magistrats bénéficient aussi de la liberté syndicale, garantie par la loi organique du 8 août 2016. Le *Recueil des obligations déontologiques des magistrats* souligne ainsi que le magistrat qui s'exprime à titre syndical bénéficie d'une atténuation de l'obligation de réserve afin de lui permettre d'exercer pleinement la liberté syndicale qui implique, par définition, le droit de critiquer le fonctionnement de l'institution judiciaire. C'est l'essence et la noblesse de toute organisation syndicale que de critiquer des fonctionnements et de faire des propositions pour améliorer l'exercice des missions d'une institution et les conditions de travail de ses agents.

Pour autant, il ne faut pas procéder par amalgame et généraliser. On entend souvent dire que 30 % des magistrats appartiendraient au Syndicat de la magistrature. C'est inexact. Le nombre d'adhérents est estimé à environ un millier, alors qu'il y a près de 9 000 magistrats dans notre pays. En revanche, il est vrai que le Syndicat de la magistrature a obtenu 33,3 % des suffrages aux dernières élections au Conseil supérieur de la magistrature, l'Union syndicale des magistrats, syndicat qui se présente comme apolitique, ayant obtenu 66,6 % des suffrages. En réalité, moins de la moitié des magistrats de l'ordre judiciaire est syndiquée.

Par ailleurs, on ne peut présumer l'impartialité d'un magistrat au seul titre de son appartenance à une organisation syndicale, quelle qu'elle soit. Celui-ci a en effet le devoir, dans son office professionnel, de mettre de côté ses opinions politiques, syndicales, philosophiques ou religieuses pour s'en tenir à l'application de la loi et à l'examen scrupuleux du dossier qui lui est soumis.

Comment restaurer la confiance ?

Il n'en reste pas moins que les critiques persistent et instillent le doute. Comment sortir de cette situation et comment restaurer la confiance ?

D'abord par le respect scrupuleux par tout magistrat de ses obligations éthiques et déontologiques. Il est avant tout celui qui applique le droit et fait respecter la règle. Il est tenu à une obligation de loyauté dont la première composante est d'appliquer la loi. Il ne peut refuser de le faire pour des raisons politiques ou syndicales. L'impartialité est un devoir majeur du magistrat. Il doit se défaire de tout préjugé et rester à équidistance des parties afin d'être le plus objectif possible. C'est un élément essentiel de la confiance du public dans l'institution judiciaire. Pour avoir exercé ce métier pendant quarante-six ans, je peux porter témoignage de la loyauté dans l'application de la loi des magistrats du siège et du parquet. Faisant preuve d'un dévouement exemplaire malgré l'insuffisance criante de moyens dont souffre la justice, ils sont les serviteurs de la loi, de la Constitution et des grands textes internationaux consacrant les droits fondamentaux et les libertés.

Ensuite, par la mise en œuvre rigoureuse des dispositifs destinés à assurer l'impartialité de la justice. La collégialité dans les cours et tribunaux est un vecteur majeur de la qualité et de l'impartialité des décisions de justice qui sont rendues. La loi permet d'y recourir pour le jugement des affaires complexes. De même, tout magistrat qui estimerait ne pas présenter les garanties suffisantes pour juger une affaire a l'obligation de se déporter, afin de prévenir tout conflit d'intérêts.

Il conviendrait également d'entreprendre des réformes pour mieux protéger l'indépendance de la justice et clarifier ses liens avec le politique. D'une part, la réforme du statut du parquet instaurant la nécessité de l'avis conforme du Conseil supérieur de la magistrature pour toute nomination au parquet, et confiant à ce Conseil le soin de choisir les procureurs généraux, les procureurs de la République et les membres du parquet général de la Cour de cassation. Cette réforme est la condition d'une justice indépendante et affranchie du soupçon. Elle est indispensable à une réelle séparation des pouvoirs et à l'impartialité, tant réelle qu'apparente, sans laquelle la justice ne serait pas la justice, essentielle au fonctionnement de la démocratie et aux attentes de nos concitoyens. D'autre part, la suppression de la Cour de justice de la République, certes composée de juges professionnels – trois – et de juges d'un jour – six députés et six sénateurs –, mais qui est une juridiction pleine de contradictions structurelles et qui n'est plus adaptée aux exigences de notre temps. Elle est compétente à l'égard des seuls membres du gouvernement poursuivis pour avoir commis des infractions en relation avec l'exercice de leurs fonctions, tandis que les juridictions de droit commun restent compétentes à l'égard des responsables non politiques. Un même dossier peut ainsi être scindé et soumis à deux juridictions différentes, avec un risque avéré de non-manifestation de la vérité, de contradiction de décision et une temporalité différente dans les investigations et les décisions judiciaires. Les délais procéduraux devant la Cour de justice de la République sont en effet substantiellement plus longs que ceux observés devant les juridictions de droit commun. Par ailleurs, sa composition peut expliquer le caractère politique de certaines de ces décisions, au détriment de la rigueur du droit et de la jurisprudence.

Enfin, par l'allocation à la justice des moyens nécessaires pour lui permettre d'assurer correctement et dans des délais efficaces l'ensemble de ses missions, et pour redonner du sens à son action.

C'est en empruntant ces voies que la justice retrouvera la confiance des citoyens, qui fonde sa légitimité.

1. François Molins, *Au nom du peuple français*, Flammarion, 2024.

Juges et journalistes en duo pour moraliser la vie publique

Basile Ader

La révolution de 1789 fut aussi une révolution contre le pouvoir que les parlements avaient pris dans la gestion du royaume et l'administration de sa justice. Pour affirmer la souveraineté du peuple, les révolutionnaires abolirent non seulement « les privilèges », le 4 août 1789, mais aussi les parlements, l'année suivante. Puis la justice est restée sous la coupe du pouvoir politique jusqu'à l'avènement de la IIIe République. Elle s'est ensuite doucement émancipée, pour prendre une parfaite liberté à la fin du XXe siècle. Cette évolution n'a cessé de croître depuis. Les magistrats sont, aujourd'hui, totalement indépendants du pouvoir politique, au point de lui paraître hostiles.

Basile Ader est avocat, ancien vice-bâtonnier du barreau de Paris. Dernier ouvrage publié : *Procès en scène* (Éditions Marie Romaine, 2024).
bader@august-debouzy.com

Ils se sont en effet investis d'une mission, celle de moraliser la vie publique. Chaque affaire dans laquelle des personnalités politiques ont été poursuivies ces dernières années, pour des faits de corruption, de détournement de fonds publics, de prises illégales d'intérêts, de favoritisme, de fraude fiscale ou autres, a été l'occasion pour les tribunaux non seulement de dire le droit, mais également de dénoncer, aux termes mêmes de leurs jugements, l'immoralité de ceux qui comparaissaient devant eux. Il en fut ainsi des dossiers les plus emblématiques (Urba, sang contaminé, HLM puis emplois fictifs de la ville de Paris, Cahuzac, Fillon, Sarkozy, et encore récemment les emplois fictifs des attachés parlementaires européens du Modem ou du RN). Ces jugements ne sont plus seulement des rappels à la loi, mais désormais aussi à la morale. Ils s'accompagnent le plus souvent d'une grande sévérité de la sanction prononcée, dont ces rappels à la morale sont d'ailleurs la justification. C'est une particularité de ces affaires.

Cette émancipation s'est accompagnée du rôle primordial et concomitant pris par la presse dans la dénonciation des exactions du pouvoir. Laquelle presse est protégée par une justification fondamentale, posée par la jurisprudence de la Cour européenne des droits de l'homme (CEDH), celle du « débat d'intérêt général ». Il constitue le sésame à toutes les dénonciations publiques, même les plus précipitées, radicales ou incertaines. Ce critère dit de la contribution à un débat d'intérêt général s'est invité avec force dans la jurisprudence de la Cour de cassation, en 2008 et 2009, lorsqu'elle a été amenée à statuer pour écarter la diffamation contre les accusations publiées dans un livre sur l'affaire Clearstream, nom d'une chambre de compensation financière luxembourgeoise, présentée comme une plateforme internationale d'évasion fiscale. Or, cette accusation s'est révélée finalement infondée. Le droit en la matière voit depuis lors les juridictions absoudre les auteurs d'accusations publiques, même si celles-ci ne sont pas parfaitement documentées, lorsqu'elles touchent à une question d'intérêt général.

La consécration, au sortir du siècle dernier, de ces deux libertés, celle du juge parfaitement émancipé du pouvoir politique et celle du journaliste à qui est dévolu un rôle central de « chien de garde de la démocratie » par la CEDH, a mis le politique au supplice. Un encouragement mutuel s'est en effet installé, entre une presse de plus en plus curieuse, au point de voir ses journalistes désormais affublés du titre de « journaliste d'investigation », et une autorité judiciaire qui a trouvé avantage à voir ses décisions à l'encontre d'un politique soigneusement relayées.

Personne ne disconvient plus de cette réalité. La presse d'investigation est en lien direct avec les parquets, juges et avocats, qui sont apporteurs d'affaires. Et c'est gagnant-gagnant. Le juge rend son office, montre son indépendance, affermit son rôle social dans le fonctionnement démocratique des institutions, et la presse veille sur la démocratie. Le secret de l'enquête et de l'instruction – une règle dont la violation est pénalement sanctionnée – n'est pas un obstacle à cette étroite collaboration. La transmission des informations policières et judiciaires, voire celle de la copie des procès-verbaux de la procédure, par des magistrats et avocats se fait en toute impunité. L'anonymat de celui qui n'a pourtant pas respecté le secret de l'instruction est garanti par le droit au secret des sources des journalistes, principe fondamental garantissant lui-même le droit à l'information du public.

Journalistes et juges sont devenus des alliés objectifs. Cette alliance s'est affermie par l'écho que lui réserve l'opinion publique : elle aime voir tomber des têtes. C'est une constante précisément depuis 1789, et surtout 1793. Elle est fascinée par la chute des puissants. Le juge devient, dans ces affaires, l'instrument de l'égalitarisme français, celui de la revanche sociale contre le pouvoir, au cœur de notre culture politique.

Il faut bien entendu la commission d'une faute pénale. Le juge peut remettre de l'ordre si le procureur ou un plaignant le saisit d'une infraction. Mais, et c'est une autre marque de cette collaboration, la presse se fait régulièrement substitut du procureur. Il n'est pas rare de voir, dans certains de ces dossiers, le parquet, en particulier le récent Parquet national financier (PNF, créé lors du scandale de l'affaire Cahuzac), considérer qu'il faut ouvrir une enquête judiciaire sur le seul fondement de la publication d'un article de journal dénonçant des faits pouvant être qualifiés pénalement. Dans ces dossiers, la cote n° 1, c'est-à-dire la première pièce de procédure, sur le plan chronologique, est constituée par un article du *Monde*, du *Canard enchaîné*, de *Mediapart*, du *Parisien* ou d'autres. Ils suivent ensuite un traitement que d'aucuns qualifieraient de privilégié, tant dans la promptitude des investigations menées par les enquêteurs que dans les moyens – pourtant minces, d'une justice désargentée – qui leur sont consacrés. Ce traitement spécial ne manque pas d'étonner le praticien habituel de la justice, confronté à ses lenteurs et ses délais lorsqu'elle concerne un simple particulier.

Certains voient dans ce traitement *ad hoc,* désormais bien huilé, un bienfait, un assainissement légitime de la sphère publique. Les juges sont indépendants et garants de l'ordre public. Les journalistes sont des lanceurs d'alertes salutaires. Les uns et les autres contribuent à l'intérêt général et à la défense de l'ordre public. Bref, ils sont les artisans d'une démocratie exemplaire.

D'autres y décèlent une forme d'injustice qui amène à douter du principe d'égalité devant la loi. Ils suspectent que le juge soit alors mû par des combats idéologiques ou partisans. Ceux-là se sont légitimement émus en découvrant l'existence d'un « mur des cons » dans les locaux d'un des deux principaux syndicats de magistrats. Il s'agissait d'un panneau sur lequel les photos d'un grand nombre de personnalités publiques étaient exposées, avec l'invitation suivante : « Avant d'ajouter un con, vérifiez qu'il n'y est pas déjà. » Un défouloir privé et sans portée, a-t-on soutenu du côté du syndicat. La présence de responsables politiques sur ce pilori a témoigné, en tout cas, qu'il y avait bien, pour ces juges, des personnes à abattre…

Ce traitement spécial qui voit la justice et la presse coordonner leurs efforts à poursuivre les impérities et malversations des politiques nourrit une autre préoccupation parfaitement classique : l'écho public du fait de la médiatisation des poursuites. Certes, le citoyen sait que la justice peut se tromper et qu'un individu reste « présumé innocent » tant qu'un tribunal n'a pas définitivement statué. Pour autant, lorsque l'accusation publique est confortée par des poursuites judiciaires, l'idée de la culpabilité s'installe et se sédimente. C'est un écueil majeur pour celui qui doit répondre d'une accusation. La justice n'est jamais totalement hermétique aux attentes de l'opinion publique. Le juge n'a plus toutes les libertés et l'indépendance qu'il devrait conserver. L'écueil est encore plus critique depuis que les réseaux sociaux se sont invités, avec leur viralité, leur radicalité et leur immédiateté, dans toutes les sphères de la société, y compris celles de nos institutions républicaines. Ils sont une machine qui se nourrit du scandale.

Pénalisation de la vie publique

Ce faisant, on observe une inversion spectaculaire des rapports de force entre la justice et le pouvoir politique. Le juge, conforté par la réelle indépendance dont il jouit constitutionnellement et par ce renfort de la presse, voit son pouvoir agrandi. Il en résulte une pénalisation croissante des affaires rendue plus facile par l'intervention du nouveau Code pénal. L'arrivée en son sein des infractions involontaires a ouvert des champs de pénalisation de la vie publique inexistants auparavant.

On doit y ajouter, parmi les facteurs de cette pénalisation, le récent doublement par le législateur du délai de prescription des délits (de 3 à 6 ans) et le fait que la Cour de cassation considère désormais que lorsque les faits sont restés « occultes », la prescription n'a pas couru. Elle commence à courir lors de leur révélation.

En outre, la jurisprudence dit que les délits de prise illégale d'intérêts ou de trafic d'influence peuvent à présent être constitués alors même que l'intérêt d'une personne prise en défaut ne serait que « moral », et non pas forcément matériel. Une simple satisfaction intellectuelle suffit. Il n'est plus nécessaire de caractériser un intérêt financier. S'agissant de la corruption, le seul dessein de vouloir corrompre est par ailleurs suffisant pour constituer le délit, même si elle n'a finalement pas été mise en œuvre. Cette évolution récente permet d'appréhender plus de comportements sous le prisme de la constitution d'une infraction, et d'ouvrir aux autorités policières et judiciaires des champs d'investigation toujours plus vastes.

En définitive, on peut légitimement comprendre l'inquiétude des personnes qui endossent des responsabilités dans la gestion de l'État, y compris dans les collectivités locales. Les incriminations sont plus larges. La prescription de l'action publique a doublé. Il n'est plus forcément nécessaire d'établir l'intention délictuelle ou l'enrichissement effectif pour que le délit soit constitué. Si une médiatisation accompagne l'engagement des poursuites, ces nuances échappant le plus souvent au grand public, se met en place une machine infernale qui installe dans l'opinion l'idée de la culpabilité des intéressés.

La riposte naturelle contre cette médiatisation est le procès de presse sur le fondement de la loi de 1881 sur la liberté de la presse. Mais il offre une protection bien insuffisante. Non seulement il est long à aboutir, et, souvent, le mal est fait lorsque le juge se prononce, mais encore (et il faut s'en féliciter) les juges sont très protecteurs de la liberté d'expression. Comme il a été dit ci-avant, ils estiment, lorsque le débat est d'intérêt général, qu'il faut laisser une grande liberté à la presse, même si elle n'arrive pas à prouver complètement ce qu'elle a écrit. La production à l'audience des procès-verbaux, des rapports d'enquête et d'expertises, de la copie des mises en examen permettent, le plus souvent, d'établir la « base factuelle suffisante » pour considérer ce qu'a écrit le journaliste comme suffisamment vraisemblable pour ne pas le condamner.

C'est le dernier stade auquel, à nouveau, presse et juge se confortent : la matérialité des poursuites tend à établir la vraisemblance du fait. Quand ensuite le jugement déboute le demandeur de son action en diffamation, cela conforte non seulement le journal, qui peut revenir à loisir sur le sujet, mais aussi le juge d'instruction ou le parquetier saisi des poursuites contre le politique débouté de son action en diffamation. C'est désormais un piège dans lequel les politiques ne veulent plus tomber.

Ils renoncent aux poursuites en diffamation car elles ont peu de chance d'aboutir, et risquent de donner un nouveau coup de projecteur médiatique sur leur affaire. L'émergence récente du dispositif européen contre les procédures-bâillons pourrait en outre les faire passer pour des ennemis de la liberté d'expression. Bref, ils perdent sur tous les tableaux, et n'ont d'autre choix que d'attendre l'issue de la procédure, en espérant qu'on lui donnera le moins d'écho possible, pour que le jour où il faudra faire valoir son innocence, ce le soit devant une juridiction, éloignée du bruit médiatique qui fut réservé à l'affaire.

Cette machine infernale a évidemment une conséquence immédiate et salutaire. Il n'y a plus aujourd'hui une femme ou un homme politique qui peut se permettre de prendre des libertés avec la loi et les obligations de plus en plus nombreuses qu'elle pose pour porter au plus haut l'exemplarité qu'on attend d'eux. C'est peut-être ce que, fondamentalement (ou inconsciemment), les juges ont souhaité voir aboutir. À cet égard, presse et justice ont considérablement contribué ces dernières années à la moralisation de la vie publique, fût-ce au prix d'un déséquilibre manifeste de la balance à fléau.

« Ils ont tué la monarchie »

Jacques de Saint Victor

« Méfiez-vous des juges, ils ont tué la monarchie. Ils tueront la République. » Depuis quelques années, le mot de François Mitterrand, prononcé en 1995 lors de son dernier Conseil des ministres, fait recette. Si la seconde partie de l'affirmation – « ils tueront la République » – reste encore à démontrer, la première partie – « *[les juges]* ont tué la monarchie » – est parfaitement vérifiable sur le plan historique. Dans le processus complexe qui a conduit à la chute de l'Ancien Régime, les hauts magistrats des parlements et autres « cours souveraines » (Cour des aides, conseils souverains, etc.) ont incontestablement pris une part décisive, avant de disparaître quelques mois plus tard, emportés par le vent qu'ils avaient contribué à lever. Un petit rappel historique permettra de s'en convaincre (1).

Jacques de Saint Victor est historien du droit, professeur des universités et critique au *Figaro littéraire*. Derniers ouvrages publiés : *Mafias et pouvoir. XIX*e*-XXI*e *siècles* (édition revue et augmentée, Folio histoire, 2025) et *Les Loups de Tanger* (Calmann-Lévy, 2025).

Bien avant la fin du XVIIIe siècle, les plus hauts magistrats, qu'on surnomme alors les « robes rouges », avaient pris l'habitude d'intervenir dans le processus législatif. Précisons qu'il n'y avait pas alors de séparation des pouvoirs. La doctrine officielle de la monarchie à Grand Conseil, défendue par les légistes royaux depuis la fin du Moyen Âge, autorisait les juges issus de la *Curia regis* à donner leur avis sur les lois du roi. Ces légistes, qui avaient commencé à former dès le XIIIe siècle une *Curia in parlamento* (ancêtre du parlement de Paris), n'avaient pas seulement la mission de régler les conflits entre particuliers mais aussi celle de « conseiller » le roi dans son œuvre législative. Ils le faisaient sous la forme de remontrances destinées à éclairer Sa Majesté avant l'enregistrement de ses textes dans les registres du Parlement afin qu'ils soient exécutoires. Évidemment, dans la logique même de la monarchie absolue, le souverain conservait toujours le *dernier mot*.

Cependant, cette fonction de « conseil » va petit à petit dévier à partir de la Renaissance. Les parlementaires ne se considèrent pas comme de simples agents publics. Puisqu'ils disposent de la vie et de la mort, leur attribution relève selon eux d'une sorte de mission divine, qui s'apparente chez certains auteurs à la prêtrise – des prêtres du dehors –, d'où l'apparat et le décorum dont la justice se pare dans toutes les sociétés. Thémis n'est-elle pas considérée par la doctrine chrétienne comme la première fonction de l'État ? « Que seraient les royaumes sans la justice, écrit saint Augustin dans *La Cité de Dieu*, sinon de vastes repaires de brigands ? » À partir du XVIe siècle, un certain nombre de légistes, souvent protestants, comme de Bèze ou Hotman, comparent les membres du parlement de Paris aux sénateurs de l'ancienne Rome qui partageaient le pouvoir avec les consuls et les comices. Les juges vont finir par en tirer des conséquences politiques lors de la jeunesse de Louis XIV. Le 13 mai 1648, le parlement de Paris, en accord avec les autres cours de justice parisiennes, prend un arrêt solennel où les « robes rouges » s'affirment compétents pour s'occuper des affaires de l'État. Cet « arrêt d'Union » lance la période qui a pris le nom de Fronde. Dès son accession au trône, Louis XIV va réagir et défendre aux parlements « de prendre connaissance des affaires de notre État » (déclaration du 22 octobre 1653). Les juges ne sont là que pour trancher des différends. Le Roi-Soleil supprime *de facto* le droit de remontrance du Parlement. Mais la mort du Grand Roi va changer la donne. Pour élargir ses pouvoirs, le régent négocie avec le Parlement et propose de lui redonner son droit de remontrance contre la cassation du testament de Louis XIV. C'est chose faite avec la déclaration du 15 septembre 1715, enregistrée en séance royale devant le petit Louis XV, trop jeune pour saisir la portée de cet acte.

Désormais, les « cours souveraines », comme elles se désignent, retrouvent leurs anciennes prérogatives de remontrances préalables à l'enregistrement des lois. Ce droit décisif aurait pu rester dans les limites du raisonnable si les juges, comme le voulait la tradition de la monarchie à Grand Conseil, avaicnt respecté le secret de ces remontrances (ils s'y engageaient lors de leur serment d'entrée en charge). Mais, très vite, dès les premières mesures de Law de 1718, les parlements commencent à publier leurs remontrances contre les réformes royales. La mise en scène de ce conflit entre « le Greffe et la Couronne » va assurer la popularité des juges et précipiter la chute de la monarchie absolue.

La place manque pour évoquer en détail ce mécanisme fatal. Disons, pour simplifier, que jusqu'à la seconde moitié du XVIIIe siècle, le mouvement se contente de toucher divers dossiers, aussi bien religieux (bulle *Unigenitus*) que fiscaux ou économiques (dixième, vingtième, etc.), mais il n'assume pas une opposition frontale avec la monarchie. C'est à partir du tournant des années 1760-1770 que les parlements vont se montrer plus audacieux en contestant les fondements mêmes de la souveraineté royale. Louis XV finit par s'en inquiéter et, après un premier avertissement (la célèbre séance de la Flagellation du 3 mars 1766), il charge son chancelier, M. de Maupeou, de mettre les juges au pas par trois édits du 23 février 1771 qui créent une justice « moderne » : les magistrats rebelles sont remerciés et la vénalité des offices est abolie. La justice devient gratuite et l'immense ressort du parlement de Paris est remplacé par six conseils souverains. Ce « coup de Majesté », expression d'un « despotisme éclairé » à la française (de plus en plus décrié), est salué par Voltaire, au nom de la défense de la souveraineté, mais attaqué par tout le reste des philosophes et écrivains, au nom des libertés et des traditions judiciaires. Les « esprits éclairés » vont s'acharner contre Maupeou et, intimidé par cette bronca du naissant « tribunal de l'opinion », Louis XVI, lors de son accession au trône, en 1774, commet l'erreur de rétablir les anciens parlements avec leur droit de remontrance. On connaît le mot terrible et prophétique de Maupeou face à ce geste insensé : « J'avais fait gagner au roi un procès qui durait depuis trois siècles. S'il veut le perdre encore, il en est bien le maître. »

François Mitterrand n'a fait, au fond, que reprendre le constat du vieux chancelier disgracié. Les parlements vont en effet « tuer » la monarchie en ce sens qu'ils vont tout faire après 1774 pour paralyser les réformes royales. Le processus devient tragique à partir de 1786. Lorsque Louis XVI se rend compte que son royaume est étranglé par l'endettement abyssal, en partie dû à la guerre d'Amérique (1776-1783), il charge son ministre des Finances, Calonne, de procéder à une réforme de grande ampleur. Le contrôleur général des finances veut créer un impôt frappant tous les propriétaires du royaume, nobles comme roturiers (c'est la fameuse « subvention territoriale »). Mais il hésite sur la stratégie à adopter pour faire enregistrer son édit car il sait bien que s'il passe par la voie traditionnelle, il risque de subir frontalement l'opposition des parlements.

Les « robes rouges » sont des privilégiés et ne manqueront pas, pense Calonne, d'invoquer le respect dû à « l'antique constitution du royaume » pour refuser la « subvention territoriale ».

Coup d'État judiciaire

Il faut savoir que, depuis la Régence, les parlements, en particulier celui de Paris, se présentent comme une sorte de cour constitutionnelle, de « Sénat de la nation », dira la littérature janséniste. Ils ne se contentent plus d'émettre des remontrances. Ils profitent de ce droit pour s'assurer du contrôle de la constitutionnalité des lois du roi au regard de « l'antique constitution du royaume ». Ils annoncent sur ce point, soulignent les historiens du droit, le rôle actuel de juge constitutionnel. Le processus de transformation est *mutatis mutandis* assez proche et l'extension des pouvoirs du Conseil constitutionnel, à partir de sa fameuse décision de 1971, s'apparente à un « coup d'État judiciaire » digne des parlements d'Ancien Régime. La décision de 1971 qui donne au Conseil constitutionnel le droit de contrôler les lois au regard du « bloc de constitutionnalité », si elle s'inscrit dans un mouvement européen d'extension de la puissance judiciaire, n'est en effet conforme ni à la lettre ni à l'esprit de la Constitution de 1958, qui n'entendait pas accorder un tel rôle au Conseil constitutionnel.

En ces années 1786-1787, les hauts magistrats vont précisément se comporter comme une aristocratie de robins (on dira, en 1789, des « robinocrates ») défiant la monarchie en instrumentalisant la mythique « constitution du royaume ». Dès la présentation du plan de réforme, en août 1786, Calonne, anticipant la réaction des parlements, propose donc de contourner ces derniers en réunissant une assemblée de notables nommée par le roi. La discussion est vive au sein du Conseil. Le ministre de la Guerre, le comte de Ségur, affirme que les notables ne sont pas non plus la solution : ils risquent de se révéler « de la graine d'états généraux » ! Mais le roi n'a pas d'autre choix, sauf à affronter les magistrats. Le 29 décembre 1786, Louis XVI annonce la réunion des notables. L'engrenage fatal qui va conduire à la Révolution est enclenché.

Ces notables sont incapables de s'entendre sur les réformes à adopter et leur réunion finit par un appel à la convocation d'une « assemblée nationale ». Devant ce désastre, Louis XVI n'a plus qu'à les renvoyer. Il ne lui reste qu'à négocier avec les juges. Il tombe en dépression. Le successeur de Calonne – ce dernier s'est enfui en Angleterre –, Mgr Loménie de Brienne, essaye de trouver un compromis avec le Parlement qui, dès ses remontrances, présentées au roi le 26 juillet 1787, évoque pour la première fois « les droits de l'homme » qui imposeraient, selon les juges, que le roi ne crée de nouveaux impôts qu'avec l'assentiment « de la Nation réunie dans ses états généraux »… Le scénario prévu par Calonne se réalise. Début août, le roi tente de passer en force en faisant enregistrer ses réformes en lit de justice. Mais le lendemain, le Parlement déclare « nulles et illégales » les réformes royales et, le 13 août, les juges les plus agités, derrière le conseiller d'Éprémesnil, appellent à la désobéissance civile. C'est l'impasse.

La portée de cette fronde judiciaire est considérable. Désormais, tous les milieux « éclairés » se répètent que seuls les états généraux pourraient créer de nouveaux impôts. Les juges, qui défendent pour la plupart leurs privilèges sous couvert de « droits de l'homme », apparaissent comme l'avant-garde du mouvement prérévolutionnaire. Ils sont grisés par leur popularité et ne comprennent pas qu'ils sont en train de scier la branche sur laquelle ils sont assis.

Le 19 novembre 1787, le roi en personne se rend au parlement de Paris pour tenter de faire enregistrer en séance royale un édit ouvrant un emprunt de 420 millions de livres sur cinq ans. Après six heures de discussion, le duc d'Orléans déclare que l'enregistrement est illégal. Surpris, Louis XVI bafouille : « Si, c'est légal parce que je le veux. » Mais il est déstabilisé. Une fois le roi parti, tous les jeunes magistrats se précipitent pour faire inscrire sur les registres de la cour la protestation du duc d'Orléans. Louis XVI est outré. Il refuse de céder au chantage et convoque solennellement à Versailles une délégation du parlement de Paris pour les sermonner : si « la pluralité de mes cours forçait ma volonté, la monarchie ne serait plus qu'une aristocratie de magistrats, aussi contraire aux droits et aux intérêts de la Nation qu'à ceux de la souveraineté ». Les parlements lui rétorquent, le 30 avril : « Non, Sire, point d'aristocratie en France, mais point de despotisme, telle est la Constitution. »

Dépité devant l'opiniâtreté de l'opposition judiciaire, le roi comprend la grave erreur qu'il a commise en abolissant au début de son règne la réforme Maupeou. Il charge alors son garde des Sceaux du moment, M. de Lamoignon, de procéder en secret à une réforme semblable à celle de son chancelier disgracié. Que de temps perdu !

Finalement, le projet de Lamoignon, moins radical que celui de Maupeou, est présenté le 8 mai 1788. L'édit réduit le nombre d'offices de parlementaires et les parlements perdent notamment leur droit de vérifier les lois au profit d'une « cour plénière ». Le roi en profite pour dénoncer l'attitude de ses magistrats : « Il n'est point d'écart auquel mon parlement de Paris ne se soit livré depuis une année *[...]*. Les parlements de province se sont permis les mêmes prétentions. » Il est temps d'arrêter, affirme-t-il. Mais les parlementaires ne l'entendent pas de la sorte. Il y a des émeutes en province contre la réforme Lamoignon, en particulier en Bretagne, en Provence, en Béarn et surtout en Dauphiné (« journée des tuiles »). C'est désormais l'épreuve de force. L'armée est mobilisée. Mais toutes les élites prennent fait et cause pour les magistrats contre la monarchie. Les historiens l'ont appelé la « prérévolution aristocratique ». Elle est d'abord d'origine judiciaire (mais les parlements ne sont alors que l'avant-poste masqué de l'aristocratie).

Bizarrement, le gouvernement royal ne parvient pas à convaincre l'opinion qu'il œuvre pour le bien commun en proposant une réforme fiscale soumettant tous les propriétaires, y compris les nobles, à l'impôt. Le coup de grâce est porté par l'Assemblée du clergé de France qui, réunie le 15 juin à ce sujet, affirme qu'il est conforme à « l'antique constitution » de réunir les états généraux pour augmenter les impôts (2). Accusé de toutes parts d'entretenir le « despotisme ministériel », mot fatal qui va tout emporter, lâché par le clergé, après la noblesse, le gouvernement de Brienne se résout le 5 juillet 1788 à accepter de réunir les états généraux pour le 1er mai 1789. Lamoignon, effondré, donne sa démission le 23 septembre 1788 et s'exclame à son tour : « Les privilégiés ont osé résister au roi. Avant deux années, il n'y aura plus ni parlement, ni noblesse, ni clergé. » Mot encore plus prophétique que celui de Maupeou.

Sur le moment, le roi semble pourtant avoir repris le contrôle de la situation. Car la perspective d'une réunion des états généraux change la donne politique. D'une part, elle calme l'inquiétude des créanciers. Le banquier protestant Necker, qui remplace Brienne, réussit, grâce à son immense popularité, à rétablir en quelques jours la confiance. D'autre part, l'annonce du roi provoque une scission au sein du camp anti-absolutiste. Les adversaires du gouvernement se trouvent pris à leur propre piège : comment réunir les futurs états ? Sous une apparence technico-juridique, cette question est éminemment politique. Faut-il réunir les états selon les formes de 1614, où chacun des trois ordres avait un nombre égal de représentants, ou faut-il au contraire accorder en 1789 un doublement du tiers (qui représente l'essentiel de la nation), au risque de faire voler en éclats la vieille société d'ordres établie depuis le Moyen Âge ?

Le 23 septembre 1788, le parlement de Paris plaide pour les formes anciennes de 1614. Les magistrats dévoilent ce qui se cachait derrière leur défense de « l'antique constitution ». Ce ne sont en réalité que d'incorrigibles privilégiés qui, sous les apparences d'un combat pour « l' État de droit », protègent leurs privilèges. Ils vont perdre aussitôt toute popularité. Une campagne de presse se déchaîne contre le parlement de Paris, qui essaye vainement, et assez piteusement, par un arrêté du 5 décembre 1788, de retrouver sa popularité. Mais il est trop tard. Le Parlement a déclenché la tempête et il comprend désormais qu'il sera le premier à être emporté par la révolution naissante. La majorité des parlementaires, accusés de « robinocratie », basculeront alors, en un éclair, dans la contre-révolution naissante, à l'image de l'inconstant d'Éprémesnil.

Fatale erreur

La réunion, le 5 mai 1789, des états généraux accélérera les ruptures prérévolutionnaires. Les parlementaires, à l'exception de ceux du « parti national » (Duport, Fréteau de Saint-Just, Hérault de Séchelles, etc.), se trouveront totalement marginalisés. Certains croient naïvement qu'ils vont pouvoir soumettre les premières lois de l'Assemblée à leur enregistrement, comme ils le faisaient avec les lois du roi. « Tout ceci finira par un arrêt du Parlement », dit d'Éprémesnil au sujet de la Révolution. Les juges pensent-ils pouvoir se comporter avec la souveraineté nationale comme ils le faisaient avec la souveraineté royale ? Fatale erreur. Les révolutionnaires n'ont pas l'aménité de Louis XVI. Les vainqueurs de la révolution juridique de l'été 1789, les nouveaux théoriciens de la « souveraineté nationale », Mirabeau et Sieyès en tête, ne peuvent admettre que des juges viennent contrôler la nouvelle volonté générale. Hors de question, tonne Mirabeau, en janvier 1790, de laisser des « pygmées » de juges désobéir aux lois votées par l'Assemblée. Seuls les représentants du peuple sont souverains et ce n'est pas une « poignée » de magistrats, « sans caractère, sans titre », fulmine le lion d'Aix, qui peut s'opposer à une révolution qui « changera la face du globe ». Les magistrats n'ont qu'une chose à faire, insiste l'orateur du tiers : ils doivent se borner à appliquer les lois et n'ont nul droit de s'interroger pour savoir si les textes votés par les députés sont conformes ou non à des principes supérieurs. « Qui leur parle d'enregistrer *[les lois]* ? s'emporte Mirabeau à l'encontre des juges. Qu'ils inscrivent, transcrivent, copient ; qu'ils choisissent, parmi ces mots, ceux qui plaisent le plus à leur orgueil féodal, à leur vanité nobiliaire, mais qu'ils obéissent à la Nation, quand elle leur intime ses ordres. » Le tribun fixe, avec violence, ce qui sera la tradition juridique française jusqu'en 1971. Il défend un « légicentrisme » absolu qui interdit aux juges de juger la loi en référence à des textes vagues, supra-constitutionnels, des références jusnaturalistes comme les droits de l'homme. C'est la raison pour laquelle, jusqu'à une période fort récente, il était peu crédible d'affirmer que les juges auraient pu « tuer » la République, car tout avait été mis en place, depuis 1789, pour réduire à néant le pouvoir d'opposition des juges à la souveraineté nationale.

Le général de Gaulle n'avait-il pas tenu, dans sa Constitution de 1958, à rappeler que les juges n'incarnaient qu'une simple « autorité judiciaire » et non un « troisième pouvoir »? Il en allait autrement en Allemagne, en Italie et, bien sûr, en Angleterre, mais en France, l'héritage révolutionnaire et le souvenir lointain des excès des parlements d'Ancien Régime empêchaient une telle évolution. Dans la commission du suffrage universel, même l'ancien résistant MRP et ex-ministre Pierre-Henri Teitgen le notait expressément, le 1er juin 1958 :

> « En France, il n'y a pas de pouvoir judiciaire mais une autorité judiciaire et elle est chargée d'appliquer la loi. On nous propose de hausser l'autorité judiciaire *[...]*, de contrôler la constitutionnalité des lois. C'est le *gouvernement des juges*. (3) »

Dans la discussion qui suivit, on distingua l'indépendance des juges (vitale) du pouvoir des juges (mortel). Mais, avec l'Europe, les exemples libéraux de contrôle de constitutionnalité ont fini par marginaliser cette tradition légicentriste française établie en 1789. S'inspirant des autres cours suprêmes d'Europe, établies notamment dans les pays ayant connu les expériences totalitaires (Allemagne et Italie), le Conseil constitutionnel a d'abord décidé de se réclamer au début des années soixante-dix du préambule de la Constitution (incluant la Déclaration des droits de 1789 et les principes fondamentaux des lois de la République) pour examiner la teneur d'une loi votée par l'Assemblée nationale. Et, depuis le début du IIIe millénaire, les hautes juridictions françaises et européennes n'ont cessé d'étendre le périmètre de « l' État de droit ». Cette évolution paraît positive, car elle se pare de la liberté et de l'*habeas corpus*, mais il n'en demeure pas moins que les nouvelles

« robes rouges » ont pris un pouvoir qui peut, par certains aspects, s'apparenter à celui qu'elles avaient usurpé à la fin de l'Ancien Régime en se réclamant, elles aussi, de la liberté des privilégiés et de la mythique « antique constitution du royaume ».

Cette évolution pourrait aboutir à une paralysie de la puissance législative si les juges en faisaient une utilisation obtuse, ce qui a déjà pu hélas se vérifier à quelques occasions (4). Face à ce risque de paralysie de la démocratie, toute la question est de savoir si la « souveraineté nationale » sera à l'avenir assez forte pour s'imposer démocratiquement ou si elle sera aussi faible que la « souveraineté royale » en 1788. Alors la seconde partie de la phrase de François Mitterrand pourrait se confirmer.

1. Cette question ayant été amplement étudiée en histoire du droit, j'éviterai dans les pages qui suivent de noyer le lecteur sous les notes. Je renvoie aux ouvrages fondamentaux : François Olivier-Martin, *Les Parlements contre l'absolutisme traditionnel au XVIIIe siècle*, Loysel, 1988 ; Henri Carré, *La Fin des parlements (1788-1790)*, Hachette, 1912 ; et, pour une approche plus récente, voir mon étude, Jacques de Saint Victor, *La Première contre-révolution (1789-1791)*, PUF, coll. « Fondements de la politique », 2010.
2. Rappelons que le clergé était exonéré de taxes et se contentait d'offrir au roi un « don gratuit » ; il le paiera chèrement en voyant tous ses biens « nationalisés » en novembre 1789.
3. *Documents pour servir à l'histoire de l'élaboration de la Constitution du 4 octobre 1958*, tome I, 1987, p. 149.
4. Il suffit de songer à la décision déroutante du Conseil constitutionnel du 6 juillet 2018 rejetant une loi protégeant les frontières comme n'étant pas conforme au principe de « fraternité » entendu de la façon la plus large (la fraternité universelle, dont même Robespierre se méfiait en 1793).

La peine de mort, instrument politique

Jean-Yves Le Naour

S'il est une peine en rapport avec la politique plus qu'avec la justice, c'est bien la peine capitale. Attribut de souveraineté du pouvoir absolu, cette justice totale ne sert pas seulement à éliminer les criminels de droit commun, comme on le croit trop souvent, mais aussi à se débarrasser de ses adversaires politiques. Dès lors, on comprend mieux pourquoi la France figure parmi les dernières nations démocratiques d'Europe occidentale à se résigner à son abolition, en 1981. Dans notre bon vieux pays de guerre civile, la peine de mort fut longtemps considérée comme un système de gouvernement.

« Il faut que Capet meure pour que la République vive. » En votant la mort du roi, Robespierre donne sa raison d'être à la guillotine : éliminer ses ennemis politiques ! Pourtant, l'avocat d'Arras se disait abolitionniste, avec une seule limite, celle-là même que le philosophe Cesare Beccaria avait admise dans son ouvrage *Des délits et des peines* (1764), bréviaire de l'abolitionnisme sous les Lumières : pas de pitié pour les ennemis de la patrie. La nation doit disposer des moyens de se défendre contre la subversion. Et dans un pays secoué par quatre révolutions,

Jean-Yves Le Naour est historien. Il a notamment publié *Histoire de l'abolition de la peine de mort. 200 ans de combats* (Perrin, 2011) et *Robert Badinter* (dessins de Marko, Dunod Graphic, 2025).
jeanyves.lenaour@laposte.net

1789, 1830, 1848, 1871, la justice, toujours aux ordres du pouvoir, quel qu'il soit, ne va pas chômer pour envoyer les contestataires à l'échafaud. La peine de mort est donc profondément politique. Et plus le pouvoir est fort, plus il a besoin d'une justice à son image. Par principe autant que par peur d'être renversé.

Sur l'inutilité de la peine de mort, la justice est fixée depuis longtemps. Dès 1786, après un moratoire des exécutions capitales de près de vingt ans, le grand-duc de Toscane constate que le crime n'a pas augmenté. L'argument de l'exemple et de la nécessité d'une pédagogie sanglante – tuer pour apprendre à ne pas tuer – s'effondre. Ce résultat est observé dans tous les pays qui font la même expérience. Les professionnels du droit et les politiques le savent parfaitement, eux qui vont sans cesse réduire la portée de cet exemple dans lequel on ne croit plus : exécutions à l'aube à partir de la monarchie de Juillet, et non plus en plein jour, comme si on en avait honte ; suppression de l'échafaud en 1870, avec la guillotine désormais posée à même le sol, réduisant la visibilité pour les amateurs du spectacle ; interdiction des photos et des films en 1909 ; enfin, suppression des exécutions publiques en 1939. Dorénavant, on tuera en prison. Même dans cet espace à l'abri des regards, on placera la « bécane » sous un dais noir tellement elle répugne. Ainsi, les statistiques démontrent que la guillotine ne combat pas le crime. Peut-elle en revanche combattre des idées ?

À ce propos, le fleuve de sang de la Terreur a marqué les esprits. Les régimes qui se succèdent, effrayés à l'idée d'un nouvel engrenage féroce, se disent tous hostiles à la peine de mort pour raison politique… tout en continuant à frapper leurs adversaires. La Convention thermidorienne est la première à proclamer l'abolition de la guillotine… lorsque la paix sera revenue. En des temps toujours troublés, mieux vaut la conserver sous la main. De même, en 1830, Louis-Philippe Ier, dont le père fut lui-même « raccourci » sous la Terreur, forme-t-il une commission chargée d'étudier la question de son abolition, et d'où sortira la création des circonstances atténuantes, le 28 avril 1832, qui divise par deux le nombre des exécutions. La révolution de 1848 commence elle aussi par abolir la peine de mort en matière politique, mais cela n'empêche pas les barricades et les tueries de juin 1848, ni celles du 2 décembre 1851. De même, les communards brûlent les bois de justice dans un grand feu de joie, le 6 avril 1871, ce qui n'évitera ni les exécutions d'otages ni la dizaine de milliers de morts de la « semaine sanglante ». La leçon de l'histoire est évidente : l'abolition n'est possible qu'en des sociétés pacifiées. En période de violence politique, la peine de mort reprend toujours des couleurs.

Pas plus que son devancier, le XXe siècle n'est un siècle pacifié. La guerre de 1914-1918 met fin au débat sur l'abolition. À l'heure où succombent des centaines de milliers de soldats qui font leur devoir au front, réfléchir sur l'utilité ou l'immoralité de la peine de mort apparaît comme déplacé, sinon indécent. Les bruits de bottes des années trente et la Seconde Guerre mondiale ramènent un peu plus la guillotine sur le devant de la scène. On assiste même à une régression sous Vichy avec le retour de la décapitation des femmes, alors qu'elles étaient systématiquement graciées depuis 1887. À l'issue de l'Occupation, l'épuration des « collabos » voit la guerre civile se prolonger dans le prétoire, avec les mêmes juges qui, tous, ont prêté serment au maréchal Pétain et qui, hier, condamnaient les résistants. Fait cocasse, le procureur Mornet, qui assure la fonction d'accusateur au procès Pétain en 1945, s'était porté volontaire pour officier aux procès de Riom, trois ans plus tôt, où Vichy avait entrepris de juger les responsables de la IIIe République pour leur imputer la défaite. Il avait été écarté en raison de son âge. Et c'est le même fonctionnaire servile qui dénonce les crimes d'un Pétain dont il pensait hier le plus grand bien. Très vite, au début des années cinquante, les exécutions retrouvent cependant un niveau insignifiant. Les conflits coloniaux dans lesquels la France s'enlise, tout particulièrement en Algérie – une autre guerre civile franco-française par bien des aspects –, bloquent à nouveau tout débat sur la peine de mort. Le Parti communiste, autrefois abolitionniste, n'est-il pas le premier à scander « fusillez Salan ! » et tous les généraux putschistes de l'armée française ?

Il faut attendre 1962 et la sortie du pays de ce continuum de guerres et de révolutions pour que le débat soit possible. Le dernier exécuté politique de l'histoire de France est en effet Jean Bastien-Thiry, fusillé au fort d'Ivry, le 11 mars 1963, pour avoir organisé contre le général de Gaulle l'attentat du Petit-Clamart, sept mois plus tôt. Il l'avait pourtant manqué ! De Gaulle n'avait pas même été éraflé par une balle. Mais il y avait quelque chose de l'ordre du crime de lèse-majesté pour une justice au réflexe monarchique. En 1919, Émile Cottin, qui avait loupé Clemenceau, avait lui aussi été condamné à mort, et il avait fallu que le Tigre intervienne en personne pour que le condamné voie sa peine commuée en dix ans de détention. En 1932, le président Paul Doumer avait été tué par un Russe, Paul Gorgulov, qui n'avait manifestement pas toute sa raison. La justice ayant piétiné la règle interdisant de juger un fou, Gorgulov fut condamné à mort et guillotiné. Dès lors, on comprend mieux pourquoi les tirs ratés de Bastien-Thiry l'ont conduit au poteau d'exécution : il ne faut pas s'en prendre au chef de l'État.

Une peine démagogique

Depuis 1963, l'ère des guerres et des révolutions est close. La France pacifiée n'a plus besoin du bourreau. L'opinion est d'ailleurs acquise à la cause de l'abolition : en 1962, selon un sondage, 39 % seulement défendent la guillotine, et 34 % en 1969. Pour autant, de Gaulle, en tant que monarque républicain attaché aux symboles régaliens, ne veut pas se départir de cet attribut de souveraineté. Quant à Pompidou, il gracie les condamnés à son entrée en fonction et fait courir le bruit qu'il est abolitionniste. En réalité, il ne l'est pas : en 1972, il laisse la justice « suivre son cours » dans l'affaire Buffet-Bontems, deux détenus qui ont tué une infirmière et un gardien au sein de la prison de Clairvaux. Claude Buffet était pourtant le seul responsable des meurtres. Robert Badinter, l'avocat de Roger Bontems, pouvait légitimement penser que son client serait épargné. Celui qui n'a pas tué ne peut pas être tué, répétait Badinter en toute logique. Il déchante. Car la peine de mort est irrationnelle, repose sur l'émotion, et en l'occurrence, cette émotion est publique. Les Français ont vécu la prise d'otages en direct, à la radio et à la télévision, ils sont révoltés et exigent la mort des coupables. Les sondages montrent un retournement. Le tribunal délibère sous la pression de l'opinion publique – que l'avocat Moro-Giafferri, officiant lors de l'affaire de la bande à Bonnot, comparait à une prostituée « qui tire le juge par la manche ». Paul Lombard, avocat de Christian Ranucci en 1976, ajoutait qu'il fallait « la chasser de nos prétoires. Car lorsqu'elle entre par la porte, la justice sort par l'autre ».

Le refus de gracier de la part de Pompidou, y compris Bontems, qui n'a pas de sang sur les mains, indique autre chose : la peine de mort est démagogique. Elle sert à calmer l'émotion publique. Le crime a soulevé une angoisse que le pouvoir étanche à peu de frais en coupant une tête. Ainsi la peine capitale conserve-t-elle quelque chose de son essence religieuse antique, une sorte d'idole à qui il faut sacrifier de temps à autre pour avoir, en échange, l'impression de protection et de sécurité. Une politique de lutte contre le crime coûte cher, divise, est difficile à mettre en place ; abaisser le pouce est tellement plus facile, même si cela ne sert à rien. Et c'est peut-être là l'argument le plus bas employé jusqu'ici pour maintenir la peine capitale : puisque l'expérience de tous les pays abolitionnistes a montré qu'elle n'a pas de rapport avec le niveau des crimes et donc qu'elle n'est en rien exemplaire, Valéry Giscard d'Estaing soutient que les Français ne sont pas prêts à en accepter la suppression. Ce n'est pas de sa faute, ce sont les Français qui ne comprennent rien. Il faut attendre. Ses principes, il les assied sur les sondages, dont on a vu qu'ils pouvaient se retourner très vite, de 1969 à 1972, en fonction de l'émotion soulevée par un fait divers. Giscard, qui déclare lors de la campagne présidentielle avoir une « aversion » pour la peine de mort, fait primer l'électoralisme sur toute autre considération.

On pourrait opposer qu'en observant les sondages, le président se pose en démocrate respectueux de la volonté des Français. Mais le vrai sondage, le seul qui compte, est depuis longtemps donné par les jurys d'assises. De 1968 à 1978, la peine de mort aurait pu être requise dans 9 000 cas, et elle ne l'a été que de façon ultra-minoritaire : les jurés ont presque toujours fait jouer les circonstances atténuantes et à la toute fin, il n'y eut en tout et pour tout que sept exécutions, soit un pourcentage de 0,07 %. Les Français étaient abolitionnistes sans le savoir. Ils pouvaient répondre avec leurs tripes aux sondeurs, néanmoins c'était une autre chose quand ils étaient jurés, placés en situation de responsabilité. C'est d'ailleurs à ce niveau que se porte la plaidoirie de Robert Badinter aux assises de Troyes, en janvier 1977, dans l'affaire Patrick Henry. Ce criminel, assassin d'enfant, qui s'était pavané devant les micros avant son inculpation en affirmant que « ceux qui avaient fait cela étaient des salauds et qu'ils méritaient la peine de mort », avait le pays contre lui. Jamais une affaire n'avait fait autant de bruit. Badinter ne plaide pas sur le fond, mais contre la peine de mort et son irrationalité. Il insiste sur l'opinion qui pousse les jurés à voter la mort, qui les laissera toutefois seuls demain avec leur verdict quand la peine capitale aura été abolie. « Le temps passera et vous resterez seuls avec votre verdict. Et vos enfants sauront un jour, et vous verrez leur regard. » Contre toute attente, il obtient la perpétuité. On peine aujourd'hui à imaginer la violence du débat : Badinter reçoit des tombereaux de lettres d'insultes courageusement anonymes, et une bombe explose sur son palier. Ce n'était pas toujours facile d'être avocat.

Le verdict inattendu de Troyes montre aussi la tension qui existe à l'intérieur de l'appareil judiciaire. Il y a des cours, comme celle de Rennes, qui ne condamnent plus à mort depuis dix ans, d'autres, comme à Aix-en-Provence, où les têtes tombent. À quoi cela tient-il ? À des magistrats et des procureurs qui ne croient plus aux vertus de la guillotine, et d'autres aux convictions opposées. Le désordre gagne les magistrats, surtout que le pouvoir, empêtré dans ses contradictions, déserte le terrain des principes. Le ministre de la Justice, Alain Peyrefitte, autrefois partisan de l'abolition, dit maintenant qu'il faut conserver la guillotine uniquement pour répondre « au sentiment public ». L'élection présidentielle est en ligne de mire. Le rôle de la justice est-il de répondre au sentiment public ? La guérilla judiciaire commence. Les jugements comportant la peine de mort sont examinés de près par la Cour de cassation qui, très souvent, trouve un prétexte futile pour les annuler et provoquer un nouveau procès. Enfin, la peine de mort se retourne contre la justice. Des criminels français arrêtés à l'étranger ne sont plus extradés en raison de la présence du châtiment suprême dans le droit national. Depuis que l'Espagne, sortie du franquisme, a renoncé à la peine capitale en 1978, la France se retrouve bien seule en Europe occidentale. Au Conseil de l'Europe comme au Parlement européen, ses partenaires lui font sentir toute l'incongruité de sa solitude. Le délégué de la Suède au Conseil de l'Europe, en avril 1980, se dit « stupéfait et navré » de voir que le pays des droits de l'homme « se déshonore par ce triste record ». En France, des députés de droite parmi lesquels Pierre Bas, Philippe Séguin ou Bernard Stasi refusent en commission de voter les crédits de la Justice en 1979. Ils réclament un débat. Mais le pouvoir ne veut surtout pas d'une abolition qui serait obtenue au prix de la division de la majorité RPR-UDF et donnerait l'impression d'une victoire de la gauche. Le courage de s'appuyer sur l'opposition, Giscard l'avait pourtant eu en 1974, dans le débat sur l'interruption volontaire de grossesse. Il est vrai que le vent des sondages flottait alors dans le bon sens !

Finalement, dans cette Ve République où tout se tranche à l'Élysée, il a fallu attendre l'élection d'un président abolitionniste, François Mitterrand, pour enterrer cette peine qui ne servait à rien. La preuve ? Il y a moins d'homicides aujourd'hui, sans la guillotine et avec 68 millions d'habitants, qu'il n'y en avait en 1980 avec la peine de mort et seulement une cinquantaine de millions de Français. L'idole sanglante n'avait jamais cessé d'être un leurre : lors des révolutions et des points d'acmé de notre guerre civile, elle avait donné l'illusion au pouvoir qu'on pouvait supprimer des idées en supprimant ceux qui les portaient. En temps de paix, la justice qui tue donnait aux Français l'illusion qu'ils étaient protégés. Mais ils ne l'étaient pas.

Les devoirs de l'avocat

Christian Charrière-Bournazel

Nous entretenons avec la justice une relation passionnelle obsédante. C'est la seule institution qui porte le nom d'une valeur. Il n'y a pas de ministère du Beau, tout au plus le ministère de la Culture ; pas de ministère du Bien, seulement des Affaires sociales ; pas de ministère du Vrai, mais, dans les pires moments, un secrétariat d'État à l'information… Or l'injustice est à l'origine des pires souffrances.

« Méfie-toi de l'injustice ! Surtout ne va pas croire que tu la ferais reculer en la fixant dans les yeux, comme un dompteur ! Tu n'échapperais pas à sa fascination, à son vertige. Ne la regarde que juste ce qu'il faut, et surtout ne la regarde jamais sans prier », dit le curé de Torcy au curé de campagne (1).

Christian Charrière-Bournazel est avocat. Il a été bâtonnier de l'ordre des avocats du barreau de Paris et président du Conseil national des barreaux. Dernier ouvrage publié : *Perpétuité* (Éditions Marie Romaine, 2025).

L'avocat, comme le juge, concourt à régler les différends de la manière la plus juste. L'avocat, éveilleur de conscience, transmet au juge la vérité de son client. Il cherche à convaincre : c'est l'ambition de l'éloquence.

Dans l'Antiquité grecque, l'avocat n'avait pas de place. Une partie convoquée devant ses juges devait se défendre elle-même, sans intermédiaire. Ceux qui n'étaient pas en mesure d'élaborer leur plaidoirie allaient voir un professionnel nommé logographe (rédacteur de discours). Celui-ci rédigeait pour eux la plaidoirie. Ensuite ils l'apprenaient pour la réciter, ou la lisaient devant le juge. Au fond, c'est comme si une défiance s'était déjà établie à l'égard de ce qu'aurait été l'avocat, un écran entre le justiciable et le juge. Albert Camus l'illustre dans *L'Étranger*. Tenté d'intervenir à plusieurs reprises, son héros est chaque fois rabroué par son avocat : « Taisez-vous, cela vaut mieux pour votre affaire. » « Mon sort se réglait sans qu'on prenne mon avis », constate-t-il.

Se sont ainsi développés au fil du temps le culte de l'éloquence et la défiance envers l'avocat.

Justice et vérité

Nous aspirons tous à la justice et à la vérité. Nous sommes tous révoltés par l'injustice et par le mensonge. Justice et vérité sont néanmoins deux notions qui peuvent se trouver opposées, comme le montrent les variations de la loi.

Voltaire l'exprimait déjà dans son *Dictionnaire philosophique,* à l'article « Délits locaux » : on peut être coupable en un ou deux points de l'hémisphère et parfaitement innocent dans le reste du monde.

Il arrive que le droit fasse un virage à cent quatre-vingts degrés en l'espace d'une carrière de magistrat : en France, des juges ont pu, dans leur jeunesse, être contraints de condamner des femmes qui s'étaient fait avorter. À la fin de leur carrière, ils ont été conduits à punir des personnes qui ont empêché des femmes d'exercer leur droit à avorter. Là, grâce à la force de sa parole, l'avocat peut faire changer, sinon la face du monde, du moins le destin de celles et ceux qui se sont confiés à lui.

Le combat mené contre la peine de mort commença lorsque Robert Badinter plaida contre la condamnation à la peine capitale de Patrick Henry, pourtant criminel, dont la foule de Troyes et le peuple exigeaient l'exécution (2). Le garde des Sceaux fit voter l'abolition le 18 septembre 1981.

De même, au procès dit de Bobigny, en 1972, Gisèle Halimi remporta la compassion des magistrats : la jeune fille qui s'était fait avorter n'a été condamnée qu'à une peine symbolique avant que la loi ne fût abrogée à l'initiative de Simone Veil.

L'avocat a donc aussi pour fonction de combattre ce que la loi peut avoir d'injuste ou de contraire à la vérité. Le juge, lui, n'a pas le pouvoir d'aller contre la loi. Il doit se préoccuper de l'appliquer, faute de quoi nous serions livrés à son arbitraire. Pour autant, la jurisprudence peut donner des exemples de curieuses contradictions : elle interdit au juge civil de prendre en compte une preuve obtenue de manière frauduleuse, telles une lettre volée, une conversation téléphonique enregistrée sans l'accord de celui qu'on écoute, etc. La pièce aurait pu prouver le bon droit de l'une des parties, mais le juge civil a l'obligation d'écarter la preuve illicite. En revanche, le juge de la justice pénale sera obligé d'en tenir compte, quitte à juger ensuite le délit qui a procuré la preuve indispensable. S'il s'agit d'une procédure en droit du travail, tout est permis, y compris la violation par le salarié du secret professionnel qui aurait dû protéger les correspondances entre l'employeur et son propre avocat.

Le mythe de Salomon illustre pleinement notre imperfection judiciaire, lorsqu'elle obéit aveuglément.

Salomon est roi, prophète et juge. Il se préoccupe, curieusement, du sort d'un nourrisson que deux femmes se disputent. Il n'a aucun moyen de savoir qui est la mère. Pas d'état civil – c'est un nouveau-né –, pas de test ADN, pas de témoin. Au temps des tribunaux ecclésiastiques français, les malheureuses auraient été livrées à un bourreau pour être « tourmentées ». Salomon ne cherche pas obstinément à obtenir des aveux pour connaître la vérité. Il se borne à rendre un jugement en apparence absurde : « Qu'on coupe l'enfant en deux ! » L'une des deux femmes accepte, tandis que l'autre proteste : « Non ! non ! qu'on le lui donne à elle ! »

Selon nos règles de procédure, le jugement devrait s'exécuter : l'une a renoncé à sa demande et l'autre a acquiescé au jugement. Alors qu'aucun recours n'a été engagé, Salomon se transforme en juge d'appel de sa propre décision. Il ne sait toujours pas qui est la mère de l'enfant : celle qui voulait qu'on le coupe en deux – elle a déjà subi dix maternités, elle hait sa progéniture et ne supporte plus le père – ou celle, stérile, qui rêvait d'avoir un enfant à aimer. La vérité biologique n'intéresse pas Salomon : seul lui importe l'intérêt de l'enfant.

Quelle sagesse ! Il a violé toutes les règles de procédure qui garantissent le justiciable contre des jugements partiaux ou iniques. Il n'a pas cherché à tout prix à connaître le vrai. Il s'est passé de l'éloquence des avocats. Le juste, pour lui, consistait à permettre l'épanouissement d'un nouveau-né incapable de se déterminer lui-même.

Salomon n'a pas eu besoin d'avocat pour accéder sinon à la vérité physiologique, du moins à ce qui était le plus juste. Le juge, comme l'avocat, doit s'inspirer de lui.

L'indispensable plaidoirie

Aucune contrainte ni aucune règle ne pèsent sur Salomon : il peut s'en remettre à sa seule conscience pour rendre une décision juste. Contrairement à lui, le juge doit être informé par l'une et l'autre partie de leurs prétentions et de leurs moyens de défense. La plus grande aspiration reste la tenue d'un débat contradictoire permettant à chacune des parties de faire valoir son approche de la vérité, le bien-fondé de ses demandes ou la pertinence de ses refus.

La grandeur de notre justice tient au respect du contradictoire, c'est-à-dire à l'échange d'arguments avant que le juge ne tranche.

Les juges manifestent aujourd'hui très souvent une hostilité à l'égard des avocats au moment des prises de parole. Dans nombre de circonstances, il est fortement prié de procéder au dépôt de son dossier plutôt qu'à une plaidoirie assimilée à un bavardage et à une perte de temps. D'autres fois, plus libéral, le magistrat indique que l'avocat plaidera par simples observations ; chacun ne disposera que de quelques minutes pour s'exprimer puisque les conclusions et les pièces ont été échangées. Or, qui m'assure que les pages produites, souvent trop nombreuses, ont été entièrement lues et analysées par les juges ? Ou que moi-même, avocat et rédacteur, aie pu dans les écrits faire figurer une dimension humaine uniquement exprimable par les mots et qui ne doit pas être ignorée des juges ?

À l'époque où les modes de règlement des litiges, la conciliation ou la médiation prennent de l'importance par rapport au règlement judiciaire des conflits, la parole reprend une place essentielle.

Notre société moderne peut choisir l'intelligence artificielle : à partir des données écrites fournies par chaque partie, celle-ci rendra une décision en l'absence du juge ou, au contraire, continuera à privilégier l'humain à l'occasion de débats contradictoires.

Ces débats sont l'occasion pour le juge de prendre l'exacte dimension du litige auquel s'appliquent des règles législatives convergentes, variables et éventuellement contradictoires. Il ne peut se contenter de recourir à la loi : en sa qualité de juge, c'est-à-dire étant une personne humaine qui en juge une autre, il lui revient de chercher à comprendre l'autre, à reconnaître ses légitimes désirs ou ses fourbes résistances. Ce ne peut être que soit à travers un contact direct, soit par l'intermédiaire de l'avocat.

L'oralité des débats n'a pas la même importance lorsqu'il s'agit de discussions portant sur des règlements de copropriété, sur l'exécution d'un contrat ou sur la contestation d'un texte législatif ou réglementaire.

Dès qu'il s'agit du sort d'un être humain déféré devant une juridiction pénale ou devant une cour d'assises, la parole est essentielle ; elle doit être respectée et protégée.

Autant il appartient au juge d'entendre le justiciable, éventuellement de le voir se confronter à son adversaire, autant l'avocat est indispensable pour exprimer ce que son client n'est pas lui-même en mesure d'exprimer.

Faut-il douter de la parole de l'avocat parce qu'il est médiocre ? C'est à nous, les avocats, de nous former pour être efficaces, précis et convaincants.

Y a-t-il une défiance envers l'avocat en raison de sa relation avec le mensonge ?

Le mensonge

Les clichés dont fait l'objet l'avocat le présentent au mieux comme un magicien, au pire comme un manipulateur. En échange d'honoraires qui seraient le prix de ses supercheries, celui-ci s'efforcerait de séduire les juges en leur faisant prendre la nuit pour le jour, un coupable pour un innocent. Tel père de l'Église s'était écrié : « Messieurs de la robe, si l'on pressait vos toges, elles ruisselleraient du sang des pauvres ! »

L'Huître et les plaideurs, merveilleuse fable de Jean de La Fontaine, fait de l'homme de justice un portait cynique. Deux pèlerins se battent pour une huître ; apparaît Perrin Dandin, qu'ils prennent comme juge. Celui-ci ouvre l'huître et… la mange ! Honoré Daumier, lui, a représenté un avocat embrassant le client qu'il vient de faire acquitter – il l'a fait passer pour innocent. Pendant l'embrassade, le client plonge sa main dans la poche de l'avocat et lui vole sa bourse.

L'avocat peut-il mentir ? Doit-il tout faire pour que son client ait raison ? A-t-il le droit de pratiquer l'économie de vérité, l'omission, la dissimulation de pièces dont la production en justice aurait changé le cours des choses ?

Un avocat britannique, et plus généralement un avocat anglo-saxon, est tenu à une obligation de vérité vis-à-vis de ses adversaires et des juges. Le mensonge est un outrage à magistrat. La procédure Discovery permet à tout avocat de se rendre au cabinet de son confrère pour demander à voir le dossier qu'il a entre les mains. Si par malheur l'avocat a caché une pièce défavorable à sa cause, un « *contempt of court* » aura été commis, entraînant éventuellement sa radiation.

Tel n'est pas le cas en France. Nos règles sont différentes, non pas que nous ayons le droit de mentir, mais chez nous prévaut la protection du secret professionnel institué dans l'intérêt de nos clients, secret dont nous sommes les gardiens et les garants. L'avocat peut ainsi se trouver dans une situation de conflit de valeurs.

Un client veut résister à une demande en paiement au prétexte que son fournisseur ne détient aucune preuve de la commande, ni de l'accord sur le prix, ni de la livraison, ni de la réception conforme (ses bureaux ont brûlé, il était mal assuré). Le dossier qu'il a remis à son avocat établit pourtant que tout a été reçu pour le prix convenu et que les sommes réclamées sont bel et bien dues. Personne ne pourra reprocher à l'avocat, sauf sa conscience, d'avoir plaidé selon les règles de droit : c'est à celui qui se prétend créancier d'une obligation d'en rapporter la preuve.

Dans une circonstance de cette nature, j'essaierais de convaincre mon client que je ne puis plaider le contraire de la vérité. Peut-être, en revanche, accepterais-je de négocier, pour tirer un avantage limité de la situation, une remise de prix ou des délais de paiement. En aucun cas je ne pourrais soutenir qu'il ne doit rien, sachant qu'il est débiteur. Je cesse d'être respectable si j'utilise la loi pour faire porter le poids de l'injustice par l'adversaire de mon client. Je préfère me retirer du dossier. Aucun reproche pourtant ne pourra être fait à l'avocat qui s'en sera tenu à l'application de la loi et des règles de procédure.

Au pénal, les choses se présentent différemment. Il ne m'est jamais arrivé et ne m'arrivera sans doute jamais qu'un client me dise : « Je suis coupable, mais faites-moi acquitter et vous aurez une grosse somme d'argent. » Beaucoup imaginent, à tort, que l'avocat est prêt à tout pour faire relaxer ou acquitter la personne dont il a la charge. En réalité, les clients essaient d'abord sur leur avocat leur système de défense. Nous ne sommes efficaces que si nous sommes vraiment convaincus qu'il y a un doute.

En tout état de cause, les peines encourues par le prévenu et la pression de l'appareil judiciaire sur lui nous font entrer en résistance : depuis les conditions de la garde à vue jusqu'à la peine d'emprisonnement qui s'apparente souvent à des traitements inhumains et dégradants, nous avons raison de vouloir à tout prix que notre client échappe aux rigueurs du châtiment prévu par la loi.

L'économie de vérité que pratique l'avocat lorsqu'il plaide est légitimée par la brutalité de la machine judiciaire, par ses risques d'erreurs et son indifférence à l'égard de l'indignité de la réclusion.

Il en va autrement si cette défense entraîne la condamnation d'un innocent à la place de celui qu'on défend, ou une souffrance supplémentaire à une victime qui attend du procès la reconnaissance de son malheur : si l'accusé avoue dans le secret du parloir qu'il a forcé la jeune fille, plaider à l'audience une provocation de celle-ci serait indigne et flétrissable. Par ailleurs, l'avocat a le devoir de taire une circonstance aggravante que lui a révélée son client et qui, si elle était connue des juges, alourdirait son sort. Le respect du secret fonde le droit au silence. Parallèlement, j'ai le devoir de me taire lorsque mon client refuse qu'une confidence soit révélée à ses juges, alors même qu'elle aurait pu peser en faveur de sa défense, comme l'inceste dont il a été victime alors qu'on le poursuit pour le même crime.

Notre statut d'avocat français ne manque pas de grandeur : il nous rend libres d'arbitrer en conscience entre le droit et la vérité. La liberté qui nous est laissée d'invoquer parfois la loi au détriment du vrai ou de faire échapper à toute condamnation un coupable avéré connaît deux limites : l'avocat ne peut revendiquer plus de droits pour son client qu'il n'en reconnaît à son adversaire ; il ne peut distordre ou ignorer la vérité s'il en résulte une injustice au détriment d'un autre.

Le moindre manquement à l'honneur nous transforme en fantômes muets.

1. Georges Bernanos, *Journal d'un curé de campagne*, Plon, 1936.
2. Patrick Henry était poursuivi pour l'enlèvement et le meurtre d'un enfant de 7 ans, Philippe Bertrand, à Troyes, en 1976.

Les juges au service du pouvoir

Robert Kopp

Lorsqu'on parle du « pouvoir des juges », on pense le plus souvent à la manière dont ceux-ci s'opposent au pouvoir politique ou essaient de l'entraver. Or, dans la plupart des domaines, la justice est l'auxiliaire du pouvoir. C'est notamment le cas dans celui de la liberté d'expression qui, de tout temps, a été encadrée, sinon réprimée. Ainsi, la presse et les livres n'ont jamais été totalement libres.

Robert Kopp est professeur à l'université de Bâle. Dernier ouvrage publié : *Le Paris des Goncourt* (Éditions Alexandrines, 2023).
robert.kopp@unibas.ch

Sous l'Ancien Régime, le contrôle s'est exercé par le régime du « privilège ». L'imprimeur d'un livre sollicitait la permission de le publier auprès du pouvoir royal, en échange d'un avantage économique, celui de l'exclusivité, qui devait le prémunir contre les contrefaçons et le piratage. D'où la mention, sur la page de titre de la plupart des livres, avant ou après la date de leur publication : « Avec Approbation & Privilège du Roi ». Cette mention figure, par exemple, sur celle des *Sermons* de Bossuet, publiés par « Antoine Boudet, imprimeur du roi, rue Saint-Jacques », en 1772. C'est également « Avec Privilège du

Roy » que la veuve de Claude Barbin publia, en 1699, le *Télémaque* de Fénelon, avant que l'autorisation ne fût retirée.

Privilège du roi et permission tacite

Sur la page de titre des *Lettres persanes*, en revanche, une telle précision fait défaut. Elle est remplacée par cette autre : « À Cologne, chez Pierre Marteau, 1721 », un éditeur fantôme derrière lequel se cache la veuve de Jacques Desbordes, à Amsterdam, la Hollande étant alors une terre d'accueil pour toutes les publications susceptibles d'être mal reçues par la censure politique et religieuse en France. Aucun « privilège » n'a été sollicité, et pour cause, pour un livre publié anonymement et que son auteur n'a jamais avoué, ni même une de ces dérogations qui commençaient à se répandre sous l'appellation « permission tacite » et dont a bénéficié *De l'esprit des lois*, prétendument publié à Genève, mais imprimé à Rouen.

En effet, la multiplication des éditions clandestines, à Amsterdam, Londres, Genève ou Neuchâtel, portait un tort considérable à la librairie française, si bien qu'en 1709, le directeur de la Librairie – l'abbé Bignon, nommé par son oncle, le chancelier Pontchartrain – créa le système dit des « permissions tacites ». Ce dernier consistait à tolérer des publications qui, sans cela, auraient paru clandestinement. Les registres de ces permissions tacites – tenus parallèlement à ceux des autorisations officielles – sont conservés dans les archives de la chambre syndicale des libraires de Paris et déposés au département des manuscrits de la BnF. Ils illustrent une pratique bien connue jusqu'aujourd'hui : le droit est contourné pour des raisons économiques. Une double morale qu'a parfaitement bien expliquée un autre directeur de la Librairie, Chrétien Guillaume de Lamoignon de Malesherbes, dans ses *Mémoires sur la librairie et sur la liberté de la presse*, rédigés vers 1788, mais publiés en 1809 seulement (1). C'est lui, l'ami de Rousseau et de Diderot, mais aussi le fidèle défenseur du roi devant la Convention – ce qui lui a valu la guillotine –, qui, grâce à ce système, a rendu possible la publication de l'*Encyclopédie* de Diderot et de d'Alembert, l'entreprise éditoriale la plus importante du siècle, qui a fait vivre plusieurs milliers de personnes.

Jusqu'à la Révolution, le nombre des permissions tacites ne cesse d'augmenter, le contrôle, pour ne pas dire la censure, étant de plus en plus souvent contourné. Ce qui n'empêche pas les éditions clandestines de se multiplier également, ni les imprimeurs hors de France de prospérer. Selon certaines estimations, de 1750 à 1800, la moitié des livres français auraient été imprimés hors de France. Dans la même période, une proportion toujours plus importante des prisonniers de la Bastille se trouvait détenue pour un délit en rapport avec le livre (2). On sait qu'en 1789, la liberté d'expression a été inscrite dans la Déclaration des droits de l'homme et du citoyen. On sait aussi qu'en 1810, Napoléon a officiellement rétabli la censure.

Morale publique et religieuse

Sous la Restauration, ce sont les lois dites de Serre (d'après le ministre de la Justice de l'époque) qui définissaient les limites à ne pas franchir :

> « Tout outrage à la morale publique et religieuse, ou aux bonnes mœurs *[...]* sera puni d'un emprisonnement d'un mois à un an, et d'une amende de 16 francs à 500 francs. (3) »

Cette législation est restée en vigueur jusqu'au début de la IIIe République. Elle ne sera abrogée que par la loi du 29 juillet 1881 dite « sur la liberté de la presse », qui maintient cependant le « délit d'outrage aux bonnes mœurs ». Il se retrouve encore dans le Code pénal actuel.

On aura noté le lien qu'établit cette loi entre morale publique et morale religieuse. Elle subsistera jusqu'aux lois laïques de 1881. S'il est relativement simple de définir les outrages à la morale religieuse (blasphèmes, profanations d'hosties, profanations des lieux de culte), il est plus malaisé de circonscrire la morale publique. Un des juristes importants du XIXe siècle, Jean-Baptiste Duvergier (1792-1877), s'y prend ainsi :

> « La morale publique est celle que la conscience et la raison révèlent à tous les peuples, comme à tous les hommes, parce que tous l'ont reçue de leur divin auteur. »

Elle est inséparable d'un « dieu vengeur et rémunérateur » ; elle exige de chacun « le respect pour les auteurs de ses jours, la tendresse pour les enfants, le dévouement au prince, l'amour de la patrie ; vertus que l'on trouve chez tous les peuples et sans lesquelles les peuples sont condamnés à périr ».

La morale ne repose donc pas seulement sur la religion, mais aussi sur un sentiment inné que partageraient tous les hommes, y compris les plus incrédules. Une conception basée sur le néoplatonisme de Victor Cousin qui irrigue tout le XIXe siècle. Publié en 1818, *Du vrai, du beau et du bien* a connu une vingtaine d'éditions jusque dans les années 1880.

> « Le vrai, le beau et le bien ne sont pas trois essences distinctes, c'est une seule et même essence considérée dans ses attributs fondamentaux. Notre esprit les distingue parce qu'il ne peut rien comprendre que par division, mais dans l'être où ils résident, ils sont indivisiblement unis, et cet être à la fois triple et un, qui résume en soi la parfaite beauté, la parfaite vérité et le bien suprême n'est autre chose que Dieu. »

L'art est donc, par essence, moral et religieux : il exprime la beauté éternelle. Voilà le dispositif – renforcé au début du Second Empire par le déferrement des délits de presse aux tribunaux de police correctionnelle – auquel se sont heurtés Flaubert et Baudelaire, et avant eux Béranger, les Goncourt, Xavier de Montépin, Eugène Sue, puis Verlaine, Barbey d'Aurevilly, Rachilde et Lucien Descaves (4).

Arrière-pensées politiques

Cette législation, toutefois, cachait souvent mal des arrière-pensées politiques. Ainsi, les Goncourt, en 1853, sont, non pas condamnés, mais blâmés pour avoir cité, dans un feuilleton de *Paris*, à propos d'un nu de Diaz, un quatrain un peu leste de Tabureau (emprunté d'ailleurs au *Tableau de la poésie française du XVIe siècle* de Sainte-Beuve). Ce n'étaient pas les Goncourt qui étaient visés, mais l'irrévérence des petits journaux orléanistes, opposés à Napoléon III. Quant à Flaubert, s'il fut acquitté, mais également blâmé, c'est parce que, appartenant à une famille connue et ami de la princesse Mathilde, il avait su organiser sa défense. Baudelaire n'eut pas cette chance. Son beau-père, le général Aupick, pourtant sénateur, mais avec lequel il était brouillé, est mort peu avant le début du procès. Ce qui, de son propre aveu, manquait à Baudelaire, c'était une femme… l'intervention de Mme Sabatier arrivant trop tard. Six poèmes – sur la centaine que comportait *Les Fleurs du mal* – furent donc jugés contraires à la morale publique et condamnés pour leur « réalisme grossier et offensant pour la pudeur », l'offense à la morale religieuse n'ayant finalement pas été retenue (5).

Or, le vrai crime de Flaubert et de Baudelaire était leur opposition à la religion du progrès, devenue religion d'État sous le Second Empire, leur pessimisme, leur conviction que ni la révolution de Juillet ni celle de Février n'avaient tenu leurs promesses. C'était leur romantisme. Rapportant une conversation avec Gautier au sujet du procès intenté à Flaubert, les Goncourt notent « qu'on voulait en haut lieu la mort du romantisme et que le romantisme était devenu un crime d'État » (6). Or, romantisme, précisent-ils ailleurs, signifiait « littérature révolutionnaire ». Plus un pouvoir est fragile, moins il tolère d'être contesté dans son fondement idéologique. Un constat qui vaut pour nombre de régimes d'aujourd'hui.

1. Il existe plusieurs éditions modernes de ce texte capital, dont celle de l'Imprimerie nationale, en 1994, présentée par Roger Chartier. On doit à Malesherbes, outre les fameuses *Remontrances*, qui participent de la guerre menée par les parlements au pouvoir royal (rééditées et commentées par Élisabeth Badinter, Tallandier, « Texto », 2017), également un mémoire *Sur la nécessité de diminuer les dépenses* (Tallandier, 2010). Voir Jean des Cars, *Malesherbes, gentilhomme des Lumières*, Éditions de Fallois, 1994, réimpression Perrin, 2012.
2. On se reportera aux excellentes études de Robert Darnton, *Édition et sédition. L'univers de la littérature clandestine au XVIIIe siècle*, Gallimard, 1991 ; *Éditer et pirater. Le commerce des livres en France et en Europe au seuil de la Révolution*, Gallimard, 2021.
3. Loi du 17 mai 1819, article 8.
4. Voir Yvan Leclerc, *Crimes écrits. La littérature en procès au XIXe siècle*, Plon, 1991.
5. Voir notre article « Flaubert et Baudelaire sur le banc des escrocs », *Revue des Deux Mondes*, novembre 2016.
6. Edmond et Jules de Goncourt, *Journal*, tome I, Laffont, coll. « Bouquins », 1989, p. 232.

Prétoires et grand écran

Jean-Pierre Camby

La justice est-elle un « bon » thème de film ? Si l'on se réfère à la fréquence et à la constance de ses apparitions au cinéma, la réponse est évidemment positive. Il faut dire que la justice, si elle est aveugle, se voit : elle est rendue publiquement, donc aisée à mettre en images. Le juge décide sur des faits, propices à un scénario, crimes, délits, escroqueries en tout genre, voire affaires civiles (*Kramer contre Kramer*, Robert Benton, 1979), après une phase contradictoire qui se prête à la scénarisation. C'est même une trame courante : présenter d'une part le procès, d'autre part les faits que les parties ou les témoins évoquent, en *flashback*. Un procès peut aussi bien servir d'introduction, de trame (*Autopsie d'un meurtre*, Otto Preminger, 1959) ou de dénouement. « *Jus est ars boni et aequi* » (« le droit est l'art du bien et de l'équitable »). La formule de Celse, reprise dans le *Digeste* de Justinien, assimile équité et droit, juste et justice. Si la quête du bien ou de la vérité peut expliquer l'action, seule sa matérialisation peut être mise en images, y compris pour un faux procès, mené par des juristes retraités, que le héros finit par croire vrai (*La Plus Belle Soirée de ma vie*, Ettore Scola, 1972). C'est d'autant plus tentant que la justice visible peut être enfermée dans les règles de la narration classique ; unité de lieu, toujours d'action, souvent de temps : une ou deux journées

Jean-Pierre Camby est docteur en droit, ancien directeur adjoint des services de l'Assemblée nationale. Dernier ouvrage paru : *Le Conseil constitutionnel, juge électoral* (9e édition, Dalloz, 2025).

d'audience suffisent pour structurer le film. Pas besoin de voyages à la James Bond, de courses-poursuites ou d'effets spéciaux : les effets de manche suffisent !

Unité de lieu, d'action, de temps

Une salle d'audience, un palais de justice, un bureau de juge d'instruction, une salle de délibération sont autant de lieux clos mais ouverts sur le monde, solennels mais vivants.

Unité d'action : *Le Juge et l'Assassin* (Bertrand Tavernier, 1976) sont des héros évidents, surtout s'ils sont incarnés par Philippe Noiret et Michel Galabru. Dans *Le Septième Juré* (Georges Lautner, 1962), joué par Bernard Blier, coupable du crime dont on accuse celui qu'il doit juger, le personnage est à lui seul de nature à établir la trame de tout un scénario. Les gens de justice, les procès, les plaidoiries sont facilement mobilisables pour le cinéma. Si le film ne peut faire l'économie d'une narration des faits, souvent une séquence sera manquante : celle qui noue l'intrigue. Le film se déroule alors pour expliquer ce que le spectateur (ou parfois le héros) ne voit pas, et que la justice doit révéler puis sanctionner. Le spectateur, comme les jurés et le fils malvoyant, trop éloigné du lieu du drame, ne sauront jamais ce qui provoque l'*Anatomie d'une chute* (Justine Triet, 2023). Le film consiste à leur faire chercher le juste que la justice doit révéler, transformant les intuitions en décision.

Unité de temps : l'essentiel est le procès, et non la procédure. L'instruction sera souvent traitée par ellipse, au mieux symbolisée par l'image d'un tunnel, comme dans *Les Inconnus dans la maison* (Henri Decoin, 1942 ; il existe une version moderne, de Georges Lautner, *L'Inconnu dans la maison,* sortie en 1992), qui débouche sur la « lumière » du procès. En revanche, le film ne fera pas l'économie du procès lui-même : les lumières de la salle ne se rallument que lorsque la justice est passée.

Tirée d'un roman de Georges Simenon, l'histoire des *Inconnus dans la maison* permet de montrer la puissance de la justice rendue en public. S'y ajoute la critique de l'atmosphère pesante de la ville où l'on s'ennuie. Maître Loursat, ténor du barreau déchu, alcoolique et fréquentant les maisons closes, trouve chez lui un jeune homme mort, tué par balle. L'intrigue tourne autour d'un groupe de jeunes gens dont fait partie la fille de l'avocat. Tout accuse son amant, seul du groupe à ne pas être issu d'une famille aisée, que Loursat accepte de défendre. Il faut le talent associé de Clouzot et

Decoin, et la présence de Raimu (dans la version initiale ; le rôle est tenu par Belmondo dans celle de Lautner), pour ne pas s'attarder sur les invraisemblances procédurales ou déontologiques qui font du témoin un défenseur, lequel, au surplus, prend en charge les intérêts de sa propre fille. On retiendra en revanche l'une des plus belles plaidoiries filmées du cinéma français. La manifestation de la justice passe par cet avocat *in partibus*, solitaire, avachi lors d'un procès où se succèdent une douzaine de témoins à la barre. On croit l'affaire perdue, mais la justice n'a rien à voir avec la « respectabilité bourgeoise », la partialité des témoins, ou la pesanteur sociale de la vie de province. La justice permet, à la faveur d'une nouvelle audition des seuls témoins de l'accusation, de détecter le vrai coupable, que personne ne soupçonnait sauf l'avocat. Procès de la bourgeoisie de province, procès de parents qui renoncent à l'exercice de l'autorité quand ils ne couvent pas excessivement leur progéniture, procès d'une instruction mal faite, et finalement procès pour faire éclater la vérité.

Le scénario la présente sous tous ses aspects : la justice peut être dramatique, dubitative, défaillante ou libératrice.

Le procès est le moteur de l'action

Le procès se prête naturellement au tragique, au sens étymologique du terme. Il se prête au drame, révélé par les très longues scènes d'audience en gros plans des visages du *Procès Paradine* (Alfred Hitchcock, 1947), où, épris de sa cliente, l'avocat reporte les soupçons sur l'homme qu'elle aime. Au cours du procès, ce dernier met fin à ses jours et la cliente avoue alors qu'elle est la criminelle. Ouverte par la vue d'une statue de la justice, une scène termine le film, où le juge inflexible (« le châtiment fait partie de la tradition ») n'écoute pas sa femme, qui appelle à la clémence (« la vie n'est-elle pas un assez grand châtiment ? »). Dans l'incontournable *Guide des films,* Jean Tulard observe : « Charles Laughton, qui incarne un juge gras répugnant et lubrique, offre une cinglante caricature de la justice anglaise. » Occupant une place à part dans la filmographie de Hitchcock, jouant sur l'ambiguïté des sentiments humains, *Le Procès Paradine* se termine par le triomphe de la justice et le désarroi de ceux qui la servent – juge excepté. On y retrouve l'idée que l'instance menée selon une procédure anglo-saxonne de questions-objections, où le rôle de l'avocat est essentiel, passionne la foule qui, du balcon, assiste au spectacle et entretient le suspense.

Plus rarement, le procès est un théâtre comique, comme dans *Noblesse oblige* (Robert Hamer, 1949), où le juge est la Chambre des lords. Les parlementaires sont ainsi appelés à statuer sur un de leurs pairs, en l'occurrence pour le seul crime qu'il n'a pas commis. Le caractère solennel de l'audience, robes et perruques, met en images la théorie des apparences formulée par lord Gordon Hewart en 1923 : « Il n'est pas d'une quelconque importance *[pour la solution d'un litige]* mais c'est d'une importance fondamentale *[pour le justiciable]* que la justice ne soit pas seulement formellement rendue mais qu'elle soit perçue comme étant rendue de manière impartiale. » Mais qui peut se targuer d'être impartial ?

La théorie des apparences ne trouve pas son compte dans un tribunal révolutionnaire, passablement tumultueux, comme celui qui condamne le héros des *Mariés de l'an deux* (Jean-Paul Rappenau, 1971) après l'affirmation de son avocat commis d'office : « Il n'y a pas de loi assez rigoureuse pour punir des criminels comme mon client. » Scandale ! La justice ne peut se contenter du simulacre : où sont donc passés les règles du procès équitable, les droits de la défense, le droit au recours ?

L'absence de justice effective (*L'Honneur perdu de Katharina Blum*, Volker Schlöndorff, 1975 ; *L'Aveu*, Costa-Gavras, 1970) se combine toujours avec l'absence de doute chez l'accusateur.

Une place pour le doute

Dans les oraux des concours d'entrée à la magistrature, le jury demande parfois si le travail du juge admet le doute. La question déconcerte souvent. Montesquieu n'affirme-t-il pas que le juge est « la bouche de la loi » ? L'autorité de la chose jugée n'est-elle pas un pilier de la jurisprudence ? Il n'y a plus de place pour le doute une fois le litige tranché. *Tranché* est le mot adéquat : ne dit-on pas que la justice est aveugle, impartiale, certaine, par opposition à l'exceptionnelle « erreur judiciaire » ? La mission « protectrice », ou au moins régulatrice, que doit assurer le juge serait altérée si celui-ci hésitait.

En pourtant, toute instruction ne devrait-elle pas être à charge et à décharge ? Toute décision ne doit-elle pas tenir compte du fait que le doute profite à l'accusé, que les circonstances peuvent l'atténuer ? On a vu bien des exemples contraires, sanctionnant un manquement supposé à « l'exemplarité », où la condamnation médiatique précède le délibéré.

André Cayatte, qui fut étudiant à la faculté de droit de Toulouse et avocat, est certainement le cinéaste qui a porté et critiqué le plus fréquemment la justice à l'écran (*Le Dossier noir*, *Justice est faite*, *Nous sommes tous des assassins*, *Verdict*...). Il réalise *Les Risques du métier* en 1967. Dans une petite ville, trois élèves accusent leur instituteur de viol et d'attouchements. À l'époque, la révélation de tels faits est exceptionnelle. Au moment de l'accompagner pour la reconstitution, les parents de l'une acceptent que des journalistes prennent des photos, le père d'une autre promet : « Et si tout se passe bien, tu auras ton vélo à Noël. » La prétendue victimisation est le moyen de sortir de l'anonymat, ou plutôt ici d'entrer dans l'adolescence. Aujourd'hui, le film renvoie inévitablement aux victimes de faits abjects qui, à l'inverse, ne cherchent aucune gloire et ne se laissent pas piéger par les médias. La reconstitution, avec juge et avocat, permettra d'établir la vérité avant même la clôture de l'instruction. Ce qui provoque l'injustice et le scandale, c'est la rumeur.

Le cinéma traduit souvent la remise en cause des faits et expose le passage de la certitude au doute (*Jugé coupable*, Clint Eastwood, 1999 ; *Un crime*, Jacques Deray, 1993 ; et surtout *Douze Hommes en colère*, Sidney Lumet, 1957). Mais comment rendre vivants l'ambiguïté, le cheminement de la conviction, le changement progressif d'attitude d'un personnage qui l'amène devant un jury d'assises ? Il faut le génie d'Henri-Georges Clouzot pour arriver à traduire *La Vérité* (1960). Fille facile, indécente – « j'invente à mesure », dit Dominique Marceau (Brigitte Bardot) afin de justifier, pour le sérieux Gilbert Tellier, un traitement différent de la légèreté libertine réservée aux étudiants auxquels elle se donne. Celui-ci change au cours du film : pressant, puis distant, aussi injuste qu'amoureux, préférant souvent son travail gratifiant de chef d'orchestre à sa vie sentimentale. Dans le récit, il passe de la passion à l'indifférence, puis à la franche goujaterie. L'incommunicabilité, la jalousie, les reproches, les disputes, la vengeance s'installent et le film traduit cette lente dégradation. Gilbert prévoit d'épouser Annie, la sœur de Dominique, jeune fille sérieuse et musicienne. Les ingrédients sont réunis pour conduire au meurtre de Gilbert par Dominique et à la tentative de suicide de celle-ci. Le film s'organise autour de la chronologie du procès. Les scènes se déroulent à l'appui des témoignages ou des propos d'audience des avocats, représentant « l'honnêteté », opposée à la liberté estudiantine du Quartier latin. « Vous avez trop de talent et pas assez de cœur », dit l'avocat de la défense à son confrère. Et le film fait basculer le spectateur : la meurtrière est sincère, la victime est indigne. *La Vérité* appréhende moins des faits que des sentiments, une tâche impossible à assigner au droit. L'« extinction de l'action publique » répond au suicide final de Dominique. *La Vérité* témoigne des limites de la justice et du droit à traduire les rapports amoureux. Certes, on y voit la reconstitution des faits, la discussion sur leur véracité, leur qualification juridique : « drame passionnel », « préméditation », etc., ou comment démonter à l'audience un témoignage de concierge. La réplique finale assimilant la mort de Dominique aux « aléas du métier » d'avocat illustre la froideur de la justice, affaire de professionnels détachés, contrastant avec la complexité des sentiments : « On s'est aimés, mais pas au même moment. » Ce ne sont pas le droit, la procédure, le procès qui révèlent la vérité, montre Clouzot. Celle-ci échappe à toute classification juridique.

Et pourtant, la thèse inverse est défendue par la plupart des cinéastes, qui affirment que la justice est comme un révélateur de la vérité. Certes, il est beaucoup plus aisé de présenter les choses selon cette logique : la justice doit révéler à l'écran la vérité, sans qu'on la devine au début de l'intrigue, question de suspense.

La manifestation de la vérité

John Ford porte à l'écran la naissance de la vocation juridique de Lincoln ; le film est resté célèbre à plus d'un titre : début de la carrière d'Henry Fonda et exaltation de la légende américaine à travers Lincoln allant *Vers sa destinée* (1939). Deux frères sont accusés d'un crime que le spectateur ne voit pas – ici encore, le film repose sur l'énigme que le droit devra dénouer – et tout les accuse, au point que la foule veut les lyncher. Lincoln l'en empêche, et retournera le procès : l'accusateur est le coupable. La justice se fait dans le prétoire. « Ce processus de dévoilement de la vérité intervient devant tout le monde… ; le jury devient transparent, on l'oublie. De toute façon ce n'est plus lui seul qui juge : c'est toute la salle qui devient le jury. Tout le monde participe au dénouement de la justice », écrit Thibault de Ravel d'Esclapon (1). La justice est rendue au nom du peuple : comment le représenter ? D'abord avec des prétoires pleins, des apartés du public ou des journalistes, le tumulte et le désordre, les présidents débordés, les mouvements à l'annonce du verdict. Ensuite en exprimant l'importance du procès non joué d'avance.

Nulle part sans doute ce rétablissement de la vérité par l'audience n'est aussi minutieusement préparé que dans *Le Comte de Monte-Cristo*. D'ailleurs, on connaît une vingtaine de versions de cette œuvre (Robert

Vernay en 1943 puis 1954, un des plus gros succès de cette époque, Claude Autant-Lara en 1961, Denys de La Patellière, David Greene, etc., jusqu'à la plus récente, d'Alexandre de La Patellière et Matthieu Delaporte, en 2024).

Le droit n'en est-il pas le fil conducteur ? Edmond Dantès reste quatorze ans en prison faute de justice : une dénonciation calomnieuse, un procureur corrompu, un faux témoin, une disparition de preuve, mais… pas de juge ! Ayant changé d'identité, il se vengera, au moins en partie, grâce à la machination qu'il monte et qui conduit au procès volontaire intenté à son protégé, en faisant, au cours de l'audience, révéler par le prévenu le crime de l'un des comploteurs : le procureur du roi, M. de Villefort, évolue du statut commode d'accusateur à celui insupportable d'accusé dans l'enceinte du tribunal.

Le roman est facile à porter à l'écran. Dès que le procureur du roi est démasqué et accusé d'infanticide, « l'explosion longtemps contenue par le respect qu'en séance on porte à la justice se fit jour comme un tonnerre du fond de toutes les poitrines ; la cour elle-même ne songea point à réprimer ce mouvement de la multitude. Les interjections, les injures *[...]* le ricanement de cette partie fangeuse qui, dans toute assemblée, monte à la surface aux moments de trouble et de scandale, tout cela dura cinq minutes avant que les magistrats et les huissiers eussent réussi à rétablir le silence » (2). Tous les ingrédients de la justice au cinéma sont rassemblés : absente au moment du jugement (*Les Sentiers de la gloire*, Stanley Kubrick, 1957), elle démontre le tragique d'histoires et de conditions humaines. Révélée, elle captive le public des tribunaux comme des cinémas, qui cherche avec les héros le triomphe de la vérité. Ce qui impose de ne pas condamner un homme sur de simples présomptions, quitte à reconstituer à l'écran les éléments du procès fondés sur un faux témoignage (*L'Affaire Maurizius*, Julien Duvivier, 1954). La justice manque alors à sa mission, dans ces deux films où la vérité ne peut parvenir à rétablir l'innocence – une conclusion désespérante. L'exemple inverse d'un procès qui clôt l'histoire, fait triompher la protection du plus faible, révèle la vérité et punit le coupable, incarné définitivement par le jeu de Robert Michum en « faux prophète », est donné par ce qui reste un monument de justice et de cinéma : *La Nuit du chasseur* (Charles Laughton, 1955 – l'acteur signe ainsi son unique film en tant que réalisateur). Il faut que coïncident juste et justice : au cinéma, aussi, on a besoin de croire à la justice.

1. Thibault de Ravel d'Esclapon, *La Justice au cinéma*, Dalloz, 2023.
2. Alexandre Dumas, *Le Comte de Monte-Cristo*, volume VI, chapitre XIII, « L'acte d'accusation ».

LITTÉRATURE

Carnets de Pondichéry II
La vache et le nautonier

Michaël Ferrier

J'ai fini par la retrouver, ma valise. Elle est arrivée, bonne dernière, sur le tapis à bagages, alors que je commençais à désespérer et m'apprêtais déjà à dégainer mon *Dictionnaire pratique français-tamoul* de Sathasivam Sachchithanantham, dont le nom de l'auteur me remplit de joie, mais que je n'ouvre jamais sans le sentiment d'entrer dans une jungle opaque et, pour l'instant, quasi impénétrable.

Je jette un œil par la vitre du hall de réception de l'aéroport. Ciel d'orage. L'air, épais comme une mousseline mouillée, vibre de chaleur et de foudre contenue. Je pense à Proust, qui parle quelque part des « ciels voyageurs des soirs d'orage ». Cet expert en phrases longues a aussi le génie du raccourci : avec tous ces nuages qui se côtoient, se touchent, se découvrent, se dépassent, le ciel de Chennai ressemble à ce que le petit Marcel décrivait comme des « continents célestes ».

Michaël Ferrier est écrivain et essayiste. Dernier ouvrage publié : *Notre ami l'atome* (écrits cinématographiques, en collaboration avec Kenichi Watanabe, Gallimard, 2021). www.tokyo-time-table.com

En sortant mon passeport, j'aperçois mon reflet dans la vitre de la douane. Mon visage et mon allure portent les marques du vol : regard plissé, vêtements froissés, jambes un peu lourdes. Mais c'est la première fois que je foule le sol indien et je ne sens pas la fatigue. Le vent qui souffle, l'ivresse de la tempête qui monte, la puissance de la voûte nocturne qui se teinte de pourpre comme un vignoble me donnent même un regain d'énergie. Dans le ciel, les éclairs s'étirent en filaments blancs, déchirant la nuit sans encore libérer la pluie.

Il est minuit pile quand je sors de l'aéroport. Je suis attendu : un taxi doit me conduire jusqu'à Pondichéry, ancienne enclave française où je vais passer plusieurs semaines en résidence d'écriture. Au téléphone, Olivier Litvine, le directeur de l'Alliance française qui a organisé cette aventure, m'a dit : « Vous verrez, la route est belle, mais la nuit l'habille autrement. »

Alors commence, dans la nuit de l'Inde, une chevauchée effrénée.

*

À la sortie de l'aéroport international de Chennai, l'air vous enveloppe tout de suite comme une membrane vivante, saturée d'humidité, de chaleur et d'odeurs mêlées – jasmin, kérosène, sueur, et le crachin sur le bitume. Ce n'est pas vraiment chaque odeur en soi qui constitue une surprise, mais leur alliage inédit et leur intensité particulière, comme si une vie secrète, invisible, y tenait tout entière en suspens.

Dehors, un homme brandit une pancarte sur laquelle mon nom est écrit en lettres majuscules. Je me présente : il me serre la main avec une ferveur presque comique, une lueur joviale dans les yeux. C'est le chauffeur, il s'appelle Ramesh. Il porte une chemise rose bonbon ouverte jusqu'au troisième bouton sur un poitrail velu, un pantalon trop large et des sandales en plastique vert. Son visage, rond et moustachu, s'éclaire d'un rire fréquent, sonore, sans raison apparente. « Bienvenue, monsieur l'écrivain ! Vous êtes prêt pour l'aventure ? »

Quelques pas plus loin, le taxi nous attend, moteur tournant. C'est une Hindustan Ambassador blanche, modèle ancien, à l'allure à la fois royale et bringuebalante, qui doit avoir vu passer des générations de ministres et de moines, de poètes et de vaches sacrées.

La vénérable voiture est une relique roulante. L'extérieur semble tout droit sorti d'un autre siècle. Le capot, bombé et majestueux, arbore encore l'ancien écusson Hindustan (l'emblème de l'Inde), à demi effacé : trois lions sur un chapiteau orné d'une roue au centre, d'un buffle à droite et, à gauche, d'un cheval au galop. Cabossée sur les ailes et sur les portières, la carrosserie ivoire a perdu depuis longtemps son éclat d'origine. Striée de rayures, elle porte les marques de mille trajets : éclats de peinture, griffures, éclaboussures de boue séchée… Les jantes, sans doute peintes autrefois au chrome, sont désormais ternies, grattées jusqu'au métal : ont-elles été dévorées par des tigres ? Au-dessus du pare-chocs, la calandre est parsemée de carreaux clignotants, mais les phares sont ronds, semblables à des yeux globuleux. Ils émettent une lumière jaune, tremblotante, comme deux veilleuses de sanctuaire. Avec sa fine guirlande de fleurs séchées accrochée au rétroviseur extérieur et battant au rythme du vent, l'Hindustan Ambassador ressemble à un vieux pachyderme, un peu bancal, un peu magique.

J'entre dans la voiture. Les sièges sont recouverts d'un Skaï fatigué qui craque sous les mouvements, révélant ici ou là une mousse jaunie, mais la banquette arrière est immense, moelleuse et très accueillante. Au plafond, tapissé d'un tissu clair mais cuivré par le temps, pend un petit ventilateur électrique qui oscille paresseusement. Sur le tableau de bord, une deuxième guirlande entoure une statuette de Ganesh, le dieu-éléphant. Une odeur de curry froid flotte dans l'habitacle. Devant, le tableau de bord, en plastique craquelé, est encombré d'un véritable autel miniature : figurines de Garuda et de Lakshmi, clochettes de cuivre, fioles d'huile parfumée, cendres d'encens… j'ai l'impression d'avoir pénétré dans une petite caverne sacrée et dépareillée. Un vrai voyage commence ainsi. À peine installé, je sens bien que le trajet va dépasser la simple notion de transport, et qu'en me faufilant dans le véhicule, j'ai franchi un seuil : je suis entré dans une autre dimension de l'espace et du temps.

La voiture bondit sur l'asphalte mouillé de la NH 32. La NH 32 est une route nationale qui sinue le long de la côte est de l'Inde en direction du sud. Sur plus de six cents kilomètres, elle traverse Chengalpattu, Tindivanam, Pondichéry, avant de repartir vers Cuddalore, Chidambaram, Velankanni, Adirampattinam, Sayalgudi, Veppalodai, Pattina… l'immense et délectable guirlande des noms de villes indiennes.

Ramesh conduit comme un personnage de roman absurde : toujours à fond, obéissant à son propre code de la route, klaxonnant à tout va, doublant tantôt par la droite et tantôt par la gauche, frôlant des fourgons chargés de bananes, des vélos brinquebalants, des scooters familiaux sur lesquels voyagent parfois trois ou quatre personnes, fumant une cigarette ou riant à pleines dents dans la nuit. Son volant, large et patiné, donne une sensation de bateau plus que de voiture – chaque virage exige de le tourner comme une barre de gouvernail. Dès le début, je comprends que la conduite en Inde est une sorte de ballet tumultueux et enjoué, de chorégraphie à la fois pimpante et terrifiante.

« En Inde, le klaxon est plus important que le frein ! » s'écrie-t-il en riant, comme pour excuser un énième dépassement périlleux. Accroché au plafond, Ganesh dansotte. Assis sur son trône de lotus, le dieu vénéré pour sa capacité à surmonter les obstacles jubile : chaque accélération est une invocation à sa bienveillance, chaque coup de frein une profession de foi.

Je regarde autour de moi : apparemment, il n'y a pas de ceinture de sécurité. Dehors, les palmiers défilent dans le halo intermittent des phares. La nuit est zébrée d'éclairs. Est-ce le début d'un rêve ? Le taxi voltige entre les nids-de-poule et les camions lancés à tombeau ouvert, dans une anarchie organisée qui tient davantage du ballet cosmique que de la circulation humaine. C'est la route des Indes.

Ramesh reste calme au milieu de toutes les tempêtes.

« *Don't worry, I have Shiva GPS in head!* (1) »

C'est un nautonier impavide, un nocher intrépide, le vrai passeur de la nuit.

J'examine un peu mieux son visage rond et expressif, barré d'une moustache en croissant taillée au cordeau, luisante, huilée. Ses yeux, d'un noir brillant, sont extrêmement mobiles, papillonnant entre les rétroviseurs, la route, le ciel et moi, comme si chacun était porteur d'une missive urgente à délivrer, ou d'un secret à surveiller. Ses cheveux, rares sur le sommet du crâne, volettent en mèches têtues sur les côtés, savamment rabattues vers l'arrière dans des effluves d'huile de coco. Il sent aussi le camphre, la sueur et quelque chose d'autre, d'indéfinissable, comme un vieux parfum évaporé dans le cuir d'un sac.

Ramesh a une allure de personnage de théâtre populaire. Sa manière de parler est un mélange imprévisible d'anglais, d'hindi, de tamoul et de belles bribes de français apprises autrefois « à l'école d'un frère catholique très colérique ». Il enchaîne sans transition les langues, parfois dans une seule phrase :

« *No problem*, monsieur, *I am driver certified by Bhagwan Shiva and by the* école Saint-Jean, à Pondichéry, très sérieux, hein ! *Fast but safe*, monsieur. Sauf si les dieux ne sont pas d'accord ! »

Il ponctue souvent ses tirades d'exclamations envolées :

« Aiyyo ! » en cas de nid-de-poule, « Arrey baba ! » lorsqu'un camion manque de nous percuter par l'avant, et même un très théâtral « oh là là ! » quand il évoque les femmes françaises, les moustiques ou la pluie – les trois semblant, pour lui, liés par quelque relation à la fois évidente et énigmatique.

Il parle comme un acteur répétant un monologue ou comme un moine en pleine litanie. Son débit est un flot musical qui évoque à la fois le *stand-up* et la prière. Il invective les autres véhicules, bénit les arbres et récite des proverbes hindous qu'il traduit à sa façon :

« Tout Européen qui vient en Inde acquiert la patience s'il n'en a pas et la perd s'il en a. »

Il est tour à tour jovial et inquiétant. Jovial, quand il chante de vieux tubes du cinéma tamoul avec une voix chevrotante et un entrain de cabaretier. Inquiétant, lorsqu'il commence à rire tout seul dans les virages serrés, la tête penchée comme s'il chuchotait à un passager invisible, ou quand il évoque « les esprits du bord de la route, ceux qu'on croise après minuit, surtout si on a mal mangé ou si on doute trop de son destin ».

Merveilleux Ramesh. C'est à la fois un chauffeur, un poète, un clown et un prêtre improvisé – et dans la lueur intermittente des éclairs, son visage apparaît parfois traversé par une sagesse venue d'ailleurs, un grain de folie tombé de la poussière du monde.

*

Quelque part après Chengalpattu, la route semble se vider. Le trafic se fait plus clairsemé, les habitations plus rares. Ramesh s'est mis à fredonner une chanson tamoule, entrecoupée d'exclamations et de sifflements qu'il s'adresse à lui-même, comme un personnage d'opéra-comique. Nous roulons depuis plus de deux heures, la nuit s'est encore épaissie, l'obscurité envahit désormais le paysage.

Soudain, au détour d'un virage, la voiture pile net. Un freinage sec, brutal, qui interrompt le babil de Ramesh et me projette vers l'avant…

Une vache.

Allongée de tout son long, au milieu de la chaussée comme un dieu paresseux. Immobile, massive, blanche dans le faisceau des phares. Elle rumine, les yeux mi-clos. Cornes pointues, le museau humide, légèrement levé, elle trône littéralement sur l'asphalte. Inébranlable. Inamovible. De temps en temps, elle jette un œil indifférent sur la voiture, comme si elle observait un moucheron dans un ruisseau – pour elle, c'est un objet vaguement agaçant mais qu'il n'y a pas urgence à contourner. Ramesh, lui, semble hésiter à respirer. « Même Ramesh a eu peur ! » dit-il, en s'épongeant le front. Moi, figé, j'observe la scène.

Ramesh s'essuie à nouveau le front, sort du véhicule, pieds nus dans les flaques, et s'avance jusqu'à l'animal avec le respect d'un courtisan devant une reine. Il parle doucement, dans un mélange de tamoul, d'anglais, de tendresse et de superstition :

« *Amma, Amma... beautiful bovine goddess, we humbly ask for passage. Road is dark, brain is tired, foreigner in the back is very confused, please, bless us with your divine movement*… (2) »

La vache ne bronche pas.

Ramesh tourne lentement autour d'elle, comme un astrologue qui étudierait les signes d'une constellation bovine. Il se penche, ramasse quelque chose au sol – une brindille ? une broussaille ? – et le pose près du mufle de l'animal, qui le renifle sans hâte. Il lui caresse doucement le front, entre les deux cornes, en murmurant un mantra presque inaudible.

« *Please, madam cow, road is long, foreign writer is fragile, move a bit, haan?* (3) »

Il s'approche encore, tente de la persuader de se lever, d'un ton affectueux et cérémonial, comme s'il parlait à une vieille tante récalcitrante. Rien n'y fait. Le monde peut bien attendre, la vache ne bouge pas.

Le cœur battant la chamade, secoué par la brutalité du freinage, je descends à mon tour. L'air est plus frais que tout à l'heure, empreint d'une odeur de terre mouillée. Le moteur ronfle doucement, haletant. La scène a quelque chose d'irréel : la vache, les éclairs, Ramesh tournant lentement autour de la bête comme autour d'un totem sacré.

« Elle bouge quand elle veut. Pas avant. C'est une question de karma… », me souffle-t-il, soudain résigné.

Il revient vers la voiture. « Elle est vieille. C'est pas une vache, c'est une mère… » Puis, après un long silence : « *You see*, monsieur, si la vache s'assoit sur la route, c'est que ton âme doit faire une pause. *No argue*. Vache *always wins*. »

Et Ramesh, majestueux dans sa chemise rose bonbon froissée, coupe le moteur avec une lenteur cérémonieuse.

On attend ainsi, vingt bonnes minutes, dans un calme étrange. La pluie a soudainement cessé. Plus aucune voiture ne passe. Vovw-vovw… loll-loll… vazh, vazh… : seuls se font entendre, à intervalles réguliers, les aboiements des chiens dans les lointains. Sous nos pieds, le bitume luit comme un miroir noir.

Paradoxalement, je ne me sens pas du tout perdu dans cette nuit torride, suspendu au bon vouloir d'une vache étendue sur la route. Au contraire… un sentiment diffus de paix monte en moi, une sérénité presque suspecte, un ralentissement de la pensée. Ce face-à-face muet m'apparaît étrangement approprié, comme si la vache posait à l'univers – et me posait à moi – une question très juste et, en même temps, extrêmement simple : « Où cours-tu ? »

Tout à coup, la vache tourne la tête vers nous puis, sans prévenir, se redresse lentement sur ses pattes fines comme des branches et s'éloigne de la route sans un regard, dans une lenteur hiératique.

« Voilà. Elle a reçu le message », susurre Ramesh, énigmatiquement.

La divinité s'éloigne en trottinant mollement vers les buissons. Ramesh la regarde disparaître dans la nuit, puis se tourne vers moi, hilare, les bras écartés : « *Victory! Divine clearance achieved. You see?* (4) »

Ramesh remet le contact. Le taxi reprend sa route, doucement d'abord, comme pour ne pas froisser la mémoire du moment. Dans le rétroviseur, on devine encore une forme blanche s'enfoncer dans la végétation.

*

La route reprend, mais le rythme a changé. Les nids-de-poule deviennent plus fréquents, les soubresauts de la voiture plus marqués. À travers les vitres embuées, je distingue des silhouettes furtives : arbres tordus, cabanes éclairées par une ampoule unique, ombres humaines couchées sur des charpoys en bord de route. L'averse recommence à tomber, drue, rythmée, hachant la nuit de ses percussions.

Le ciel gronde. Les essuie-glaces grincent à un rythme irrégulier. Le sommeil commence à peser. Chaque minute semble plus longue que la précédente. Par moments, la pluie s'écrase par grandes nappes vitreuses sur le pare-brise, que les essuie-glaces peinent à dégager. Les panneaux se font rares, les feux inexistants. Des chiens errants, des motos sans phare, des camions surchargés apparaissent et disparaissent autour de moi : je suis des yeux les ombres mouvantes de la route.

« Encore deux heures. Peut-être trois… s'exclame Ramesh, qui a senti ma fatigue. Selon les vaches, les pluies, et les dieux ! »

Calé contre la portière, je ferme les yeux. Une phrase de Tagore apparaît, flottant dans l'Hindustan, ses vers sur le voyage intérieur : « Celui qui veut traverser l'Inde doit d'abord traverser sa propre obscurité. » L'habitacle est devenu une barque dérivant sur un fleuve nocturne, ballottée, grinçante, portée par un destin improvisé.

C'est la dernière portion du trajet. L'aube approche, et le ciel passe du noir profond à un bleu de plus en plus clair. Aux alentours de Pondichéry, la route s'adoucit. Les palmiers se dressent en silhouettes nettes, les oiseaux commencent à chanter. La mer, invisible, se laisse deviner dans les effluves du vent salin.

Ramesh, fatigué lui aussi, chantonne doucement. La voiture entre dans la cité encore endormie. Un joli ciel bleu et lavé nous accueille. Les rues de la ville s'ouvrent devant nous : des murs pastel, des bougainvillées débordant des balcons, dans le silence respectueux du matin.

Le taxi s'arrête devant une façade jaune safran. « Arrivée, monsieur. *You survived. India approves.* (5) » L'hôtel se nomme Hôtel de Pondichéry, tout simplement.

Ainsi s'achève cette traversée nocturne. Elle n'a duré qu'une nuit, mais j'ai l'impression d'avoir vécu une parabole. Tout y était : l'effroi, le rire, l'épuisement, la chaleur humaine, et la grâce finale. Un prélude, peut-être, à un autre voyage – celui de l'écriture.

« Voilà Pondichéry. Vous êtes arrivé, monsieur écrivain. Maintenant, écrivez. »

1. « Ne vous inquiétez pas, j'ai le GPS Shiva dans la tête ! »
2. « Amma, Amma... belle déesse bovine, nous demandons humblement le passage. La route est sombre, le cerveau fatigué, l'étranger à l'arrière est très groggy, s'il vous plaît, bénissez-nous de votre mouvement divin. »
3. « S'il vous plaît, madame la vache, la route est longue, l'écrivain étranger est fragile, bougez un peu, hein ? »
4. « Victoire ! Nous avons obtenu l'autorisation divine. Vous voyez ? »
5. « Arrivée, monsieur. Vous avez survécu. L'Inde approuve. »

Pina Bausch pour toujours

Judith Sibony

Pina Bausch est morte il y a seize ans, le 30 juin 2009, mais les foules font toujours la queue pour voir ses spectacles. C'était à nouveau le cas au printemps dernier, au Théâtre de la Ville, à Paris, où la troupe du Tanztheater Wuppertal reprenait l'une de ses pièces phares, *Vollmond*, dix-neuf ans tout juste après sa création.

Ce n'est pas rien, tant de gens qui décident d'occuper un bout de trottoir avec un livre ou un ordinateur, dès le début de l'après-midi, dans l'espoir d'avoir une place pour assister à un spectacle six heures plus tard. Des gens d'ailleurs plus jeunes que la moyenne du public habituel. Prêts à attendre beaucoup : convaincus que l'enjeu, bien davantage qu'un spectacle à voir, est une expérience à vivre.

Vollmond signifie « pleine lune », et c'est l'un des derniers chefs-d'œuvre de « Pina », comme on a coutume d'appeler Philippina Bausch, la grande chorégraphe allemande qui a marqué le tournant du XXIe siècle en se fiant au corps pour en dire le plus possible sur les âmes.

Judith Sibony est écrivain, journaliste et réalisatrice.
judithsibony@gmail.com

Dans ce spectacle créé en 2006, elle semble avoir voulu examiner à fond tout ce que « déborder » veut dire. Peu à peu immergé sous la pluie et les seaux d'eau, le somptueux décor du scénographe Peter Babst où trône un immense rocher noir accueille, en solo ou en groupe, quatorze interprètes qui ne demandent qu'à se mouiller, au sens propre. Qu'est-ce qu'être submergé par le désir, par l'amour, par la colère ou par la tendresse ? Chacun a sa réponse et nous la donne sans réserve. Ici, on tire à bout portant au pistolet à eau, ou on esquive de vrais gros cailloux en se roulant par terre. On remplit les verres et les êtres bien au-delà de ce qu'ils peuvent contenir. On s'éclabousse comme si c'était une façon de s'enlacer… Et on s'enlace, également.

À ce propos : il faut saluer l'inoubliable Julie Anne Stanzak, l'une des artistes historiques de cette création, si émouvante dans ses étreintes solitaires et ses confidences amoureuses. D'autant plus émouvante qu'elle se révèle incroyablement forte, ensuite, lorsqu'elle danse dans la rivière qu'est devenu le plateau, au terme d'un solo allégorique où le mouvement fait alterner joie extatique et regards inquiets.

Être submergé, c'est tout cela. Et c'est aussi, comme telle autre danseuse, se demander s'il vaut mieux « un grand amour en une seule fois ou un tout petit peu d'amour chaque jour ». Ou bien encore, dire « quel pied ! » tout en n'ayant pas du tout l'air de prendre son pied. Submergé, on peut l'être en s'arrosant de jus de citron pour pouvoir crier haut et fort qu'on est « un peu amer ». Ici, l'humour est toujours tapi quelque part au cœur de la beauté ; comme dans cette scène merveilleuse où une danseuse exige d'un partenaire (puis d'un autre) qu'il lui enlève son soutien-gorge en un temps record. Il faut agir à la fois plus vite et plus tranquillement, explique-t-elle. En matière d'érotisme, on est virtuose ou on ne l'est pas.

Née en 1940 à Solingen, au sud de la Ruhr, Pina Bausch n'a jamais quitté cette région désolée par l'après-guerre. Wuppertal, où elle a travaillé toute sa vie, est située à dix minutes en train de sa ville natale, mais elle a fait rayonner son art partout dans le monde. « Nous avons reçu de vraies bénédictions, disait-elle, lors de la remise du Kyoto Prize en 2007, à propos de l'accueil du public dans le monde entier. À chaque fois, à travers mes spectacles, j'essaie de donner quelque chose en retour. Mais j'ai toujours l'impression que ce n'est pas assez. Qu'est-ce qu'on est capable de rendre ? Comment peut-on vraiment donner quoi que ce soit en retour ? Parfois j'ai le sentiment que c'est tout simplement impossible. Ce que je reçois est si grand, et ce que je rends me paraît si petit… » Recevoir et donner, dans les deux sens et réciproquement. Ainsi se dessinent, au plus profond, les contours d'une danse à deux, où chacun s'appuie sur ce que l'autre lui offre pour, à son tour, s'offrir de plus belle.

C'est exactement comme au tango, songeais-je quelques jours après avoir vu *Vollmond*, lorsque j'ai rencontré Julie Anne Stanzak, membre de la troupe depuis 1986 et somptueuse jeune femme de 66 ans. La danseuse m'a reçue dans sa petite loge avec vue sur Notre-Dame quelques heures avant la dernière du spectacle. Et tout ce qu'elle disait témoignait d'un amour absolu de « l'autre » comme partenaire de jeu, de création et de pensée. « Ce qui est magnifique avec Pina, c'est que tout part d'elle et devient universel. Ce n'est pas son mélodrame qu'elle veut raconter : elle invite le spectateur à penser à sa propre histoire, et à être connecté, pour qu'on soit tous ensemble de façon égale. »

Le spectacle est ainsi organiquement conçu comme une danse de couple, avec d'un côté cette entité que sont les interprètes, et de l'autre ce tanguero qu'est le public. Et bien évidemment, la synergie n'est possible que si chacun se donne véritablement. « Avec Pina, on n'est pas dans l'exécution. En répétition, elle arrivait avec un pouvoir de nous bouger vers notre propre histoire, notre humanité. Tu peux lire l'autobiographie et les états d'être de chaque interprète au moment où il danse, parce que c'est ce qu'elle voulait montrer : le côté unique de chacun », explique Julie Anne dans un français joliment teinté de multilinguisme.

Rappelons en effet que pour « diriger », Pina Bausch avait une méthode aussi simple que peu directive : elle posait des questions, qui bien souvent n'étaient que des mots-clés – l'amour, le désir, la beauté… « Et avec ça, tu fais ce que tu veux », raconte la danseuse au présent, comme si le temps du travail avec la chorégraphe durait toujours. Après ces improvisations qui font des interprètes les coauteurs des spectacles, toute la difficulté est de préserver l'étincelle. « Elle disait toujours "tu te rappelles ?" avec le souci de retrouver l'essence du geste qu'on avait fait », décrit encore Julie Anne, n'hésitant pas à comparer l'artiste à une mère. « Oui : car les choses étaient d'abord nées d'elle. »

L'acte originel

J'ai commencé à faire de la critique trop peu de temps avant la mort de Pina pour voir ses pièces telles qu'elles furent créées de son vivant, c'est-à-dire au plus près de « l'essence du geste ». Je ne peux donc pas comparer son *Vollmond* de 2006 avec celui que j'ai vu il y a quelques semaines, où sur les quatorze interprètes, seulement trois sont issus de la distribution originelle. Je n'ai pas non plus de recul sur son *1980*, un de ses spectacles qui m'ont le plus marquée, et que j'ai vu en 2012, plus de trente ans après sa création. Je n'ai pas cette mémoire, mais je sais que les « *Stücke* de Pina Bausch » – elle appelait ainsi toutes ses pièces : des morceaux d'elle-même, en somme – me font un effet inégal. Parfois elles m'hypnotisent comme si elles détenaient des vérités existentielles ; parfois elles me laissent presque indifférente, comme si les gestes avaient perdu de leur substance à force d'être rejoués. Un spectacle vivant peut-il être indéfiniment repris ? Cette immortalité n'est-elle pas contre-nature ?

On se pose moins ce genre de questions à propos des ballets de Noureev ou d'œuvres plus contemporaines comme celles de Maguy Marin, dont le mythique *May B* est redansé presque tous les deux ans depuis sa création en 1981. On ne se pose pas la question parce que justement, il y a des chorégraphies plus reproductibles que d'autres, et des mouvements qui n'ont de sens que s'ils proviennent d'une émotion. C'est ce que Pina disait elle-même, avec sa fameuse phrase, si souvent citée : « Ce qui m'intéresse, ce n'est pas comment les gens bougent ; c'est pourquoi ils bougent » – *what moves them* ; et en anglais, le glissement de ce qui émeut à ce qui meut est encore plus évident puisqu'il s'agit du même mot, *move*.

Mais alors, comment un mouvement passe-t-il les feux de la rampe s'il n'est pas « mu » par sa nécessité d'origine ?

J'ai entendu des spectateurs formuler leur déception à la fin de *Vollmond*, parce qu'ils préféraient les « premiers » interprètes de la troupe, qu'ils avaient vus au temps de la création. Attentif à ces sujets, étant lui-même comédien, et longtemps au Théâtre du Soleil, où le répertoire est conçu pour être éphémère, Serge Nicolaï était moins conquis que moi par le *Vollmond* de 2025, lui qui se souvient avec une acuité étonnante de la version originale. De fait, par la force du temps, c'est peut-être la première fois qu'une pièce aussi mythique est reprise avec une proportion si grande de « nouveaux » (onze artistes sur quatorze). Or à ses yeux, l'envie de faire durer ces créations au-delà de leurs protagonistes initiaux interroge. « Faut-il s'acharner à faire survivre le spectacle vivant ? » se demande-t-il, avec le sentiment d'avoir vu des artistes certes virtuoses, mais qui, à ses yeux, étaient davantage dans l'imitation que dans l'incarnation.

Il paraît que dans cette reprise, les interprètes ressemblent physiquement aux danseurs de la distribution initiale, ce qui génère un étrange paradoxe : Pina voulait révéler l'être profond des membres de sa troupe, et voilà qu'on fait aujourd'hui comme s'il s'agissait de personnages – ou de rôles. Fétichiser la représentation indépendamment de l'histoire qui la porte n'est assurément pas dans l'esprit des répétitions de Wuppertal. En somme, il faut choisir ce qu'on fétichise : la démarche, ou le résultat ?

« C'est compliqué d'exister dans ce genre de spectacle si tu n'as ni le vécu d'origine ni la liberté de pouvoir apporter ta touche personnelle », décrypte Serge Nicolaï, tout en se réjouissant du plaisir que peut éprouver une nouvelle génération de spectateurs devant certaines images toujours majestueuses de ces pièces.

En 2000, Pina Bausch avait elle-même soulevé la question de ce qui peut subsister de son œuvre au-delà du geste originel. Vingt-deux ans après la première d'un de ses spectacles mythiques, *Kontakthof*, elle en avait proposé une réplique « pour dames et messieurs de 65 ans et plus ». Spectacle sans doute très émouvant, où les interprètes de 1978 étaient toujours là pour ressusciter leurs propres danses et puiser, dans l'élan resté gravé en eux, la force de les reproduire en dépit de la vieillesse. Huit ans plus tard, c'est-à-dire un an avant sa mort, Pina avait poussé l'expérience dans son retranchement inverse, proposant une relecture de *Kontakthof* par des adolescents « de 14 ans et plus ».

Une double expérience qui apporte une réponse bien touchante à la problématique des reprises : certes, on peut prolonger la vie d'un spectacle, mais… encore faut-il assumer qu'on le rejoue autrement.

Quand j'ai découvert *1980 – Ein Stück von Pina Bausch* en 2012, je crois d'ailleurs que c'est cela qui m'a bouleversée : la présence d'interprètes « anciens » (puisque c'étaient les danseurs historiques), d'autant plus qu'il s'agissait ici d'explorer l'univers de l'enfance.

Sur un vaste plateau recouvert d'une pelouse délicieusement odorante, et sous l'œil bienveillant d'un petit Bambi installé en fond de scène, vingt-trois artistes (essentiellement d'âge mûr, donc) exploraient jusqu'à l'épuisement les ressources du jeu. Ni tout à fait danseurs ni tout à fait acteurs, ces hommes et ces femmes se promenaient dans des souvenirs ou des clichés d'enfance, laissant planer autour d'eux une mélancolie poignante.

Je me souviens notamment d'une femme exhibant ce qu'une danseuse, en principe, ne montre pas sur scène : l'essoufflement du corps. « Je suis fatiguée », répétait-elle des dizaines de fois en tournoyant sur la pelouse. Jusqu'à ce qu'un homme vienne la prendre dans ses bras, pour la faire tourner encore un peu. Belle allégorie du spectacle « vivant » qui se voudrait éternel tout en proclamant qu'il ne l'est pas.

Dans ces conditions, sans doute qu'il faut rejouer certains chefs-d'œuvre, encore et encore, quitte à ce que les plus avertis se demandent si cela continue de faire sens. Jouer jusqu'à l'épuisement. N'est-ce pas, d'ailleurs, ce qu'a fait Pina dans la vraie vie, elle qui mourut d'un cancer généralisé quinze jours après la première d'une nouvelle création ? Elle ne vivait qu'à l'écoute des corps, mais préféra ne pas être à l'écoute du sien lorsqu'il exprima ses limites.

INÉDIT
AU FIL DE L'ENCRE
Paul Signac et les « racailles » de l'art

Benoît Forgeot

Galeriste de renom – il a notamment été le marchand de Moïse Kisling –, Adolphe Basler (1876-1951) fut par ailleurs l'une des figures majeures de la critique d'art parisienne des années vingt (1). Oublié désormais, sinon des spécialistes, il est l'auteur de plusieurs essais, dont une des premières biographies du Douanier Rousseau (2).

Il en adressa un exemplaire dédicacé à Paul Signac, cofondateur du Salon des indépendants, qui exposa Rousseau dès 1886 et quasi continûment jusqu'à la mort du peintre. (La devise du salon, « ni jury ni récompense », faisait écho aux convictions anarchistes de ses promoteurs.) Remerciant Basler de l'envoi, Signac confesse à propos de son « vieil ami des Indépendants » : « Songez que Luce et moi étions presque les seuls à le défendre, avant que la littérature ait jugé bon de s'emparer de notre douanier pour se foutre un peu de lui, au début, il faut bien le dire. »

Benoît Forgeot est libraire, spécialisé en manuscrits et livres anciens.

Le jugement *a posteriori* de Signac est un peu rude, sinon injuste, si l'on songe aux *Méditations esthétiques* d'Apollinaire – plusieurs sont dédiées à Rousseau – ou aux *Soirées de Paris*, la revue dirigée par le poète, qui consacra au peintre naïf la totalité d'un numéro (3). Il est vrai que ces publications furent posthumes et qu'il n'y a pas eu foule à l'enterrement du Douanier Rousseau, à Bagneux, le 4 septembre 1910, le fidèle Paul Signac figurant parmi les... sept personnes présentes. Pour biblique qu'il soit, le chiffre contraste avec la foule présente le 12 octobre 1947, quand les restes d'Henri Rousseau furent transférés à Laval, sa ville natale.

Retrouvant son ardeur militante ce 9 juin 1927, le doux Signac saisit l'occasion pour avouer à son correspondant qu'il est « de cœur » avec lui dans sa « lutte contre les mercantis de l'art ». Et il se lâche : « Quand on a connu les Impressionnistes, puis Seurat, Cross, Angrand et les charmants Bonnard, Vuillard, Roussel, Valtat, ces trois générations d'artistes purs et d'hommes charmants, quelle souffrance de voir tant de racailles et de rapaces. » Mazette !

D'évidence, Signac connaissait bien son interlocuteur, lequel ne mâchait pas plus ses mots. Ainsi, deux ans plus tard, en 1929, encouragé par le soutien de ses lecteurs, Adolphe Basler éreintait avec un plaisir non dissimulé la « voyoucratie des ignorantins de la critique » comme la « picturomanie » qui s'était emparée du monde. Dans les avant-gardes en *-isme,* il ne voyait que bidonnage et fausseté. Le titre même de son essai, *Le Cafard après la fête ou l'Esthétisme d'aujourd'hui*, résumait la teneur du propos. On peut également s'étonner que cet exilé d'origine polonaise ayant trouvé refuge en France se soit métamorphosé à ce point en pamphlétaire réactionnaire, n'hésitant pas à stigmatiser ceux qu'il appelait les peintres « métèques » (!) – mais la vie est ainsi, pleine de contradictions.

Quant à la rencontre, au détour d'un billet, du critique atrabilaire et du peintre libertaire autour de la dénonciation de l'arnaque de l'art contemporain, elle est aussi drôle que saugrenue.

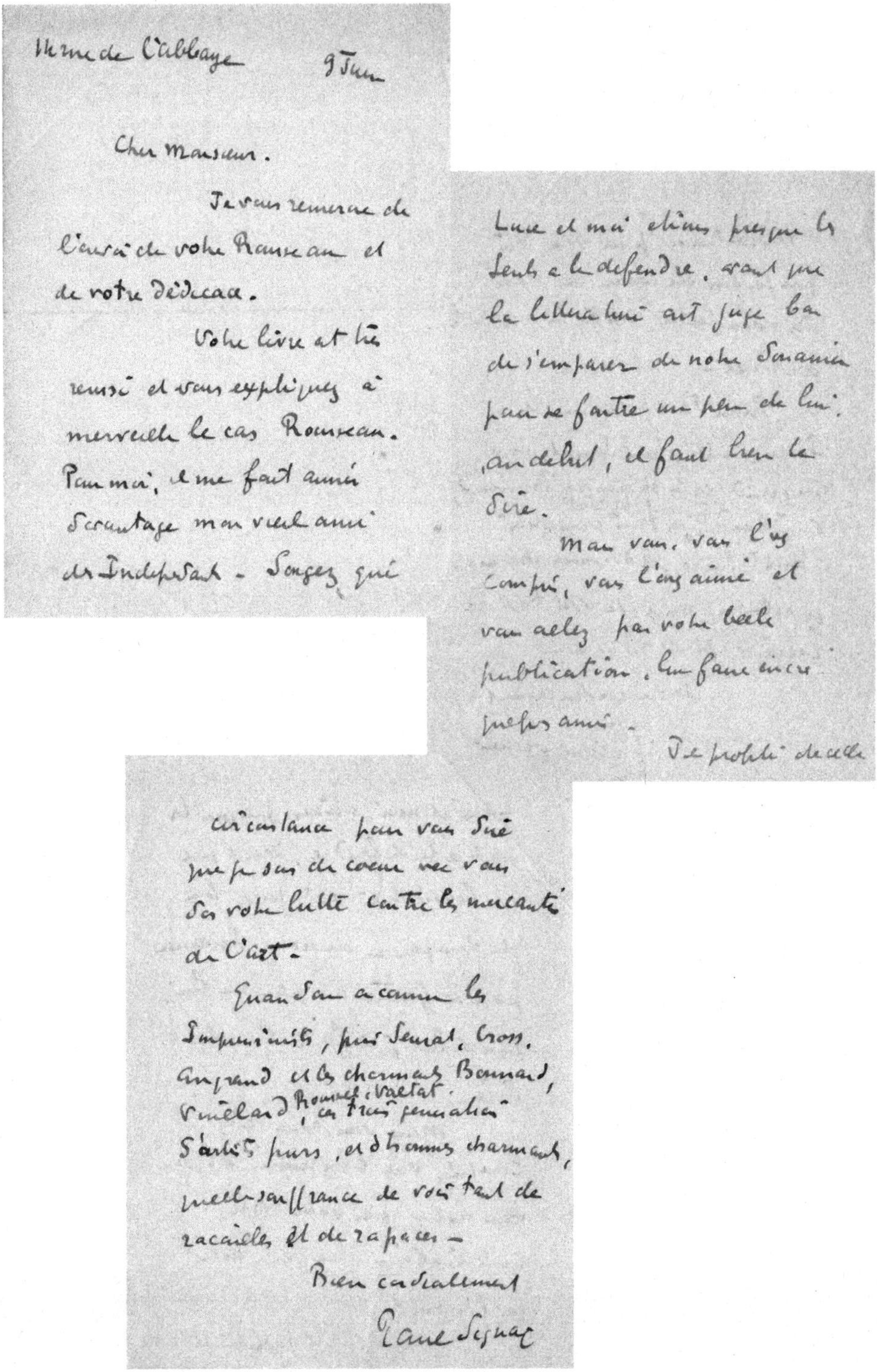

16 rue de l'Abbaye 9 Juin

Cher Monsieur.

Je vous remercie de l'envoi de votre Rousseau et de votre dédicace.

Votre livre est très réussi et vous expliquez à merveille le cas Rousseau. Pour moi, il me fait aimer davantage mon vieil ami des Indépendants – Songez que Luce et moi étions presque les seuls à le défendre, avant que la littérature ait jugé bon de s'emparer de notre Douanier pour se foutre un peu de lui, au début, il faut bien le dire.

Mais vous, vous l'avez compris, vous l'avez aimé et vous allez par votre belle publication, lui faire encore quelques amis.

Je profite de cette circonstance pour vous dire que je suis de cœur avec vous dans votre lutte contre les mercantis de l'art.

Quand on a connu les Impressionnistes, puis Seurat, Cross, Angrand et les charmants Bonnard, Vuillard, Roussel, Valtat, ces trois générations d'artistes purs, et d'hommes charmants, quelle souffrance de voir tant de racailles et de rapaces –

Bien cordialement

Paul Signac

« 14 rue de l'Abbaye   9 juin *[1927]*

Cher Monsieur,
Je vous remercie de l'envoi de votre Rousseau et de votre dédicace.
Votre livre est très réussi et vous expliquez à merveille le cas Rousseau. Pour moi, il me fait aimer davantage mon vieil ami des Indépendants. Songez que Luce et moi étions presque les seuls à le défendre, avant que la littérature ait jugé bon de s'emparer de notre douanier pour se foutre un peu de lui, au début, il faut bien le dire.
Mais vous, vous l'avez compris, vous l'avez aimé et vous allez par votre belle publication, lui faire encore quelques amis.
Je profite de cette circonstance pour vous dire que je suis de cœur avec vous dans votre lutte contre les mercantis de l'art.
Quand on a connu les Impressionnistes, puis Seurat, Cross, Angrand et les charmants Bonnard, Vuillard, Roussel, Valtat, ces trois générations d'artistes purs, et d'hommes charmants, quelle souffrance de voir tant de racailles et de rapaces.
Bien cordialement,
Paul Signac »

1. Il a été l'intermédiaire entre Guillaume Apollinaire et la Neue Galerie de Berlin pour une transaction portant sur des dessins de Picasso et une œuvre du Douanier Rousseau, laquelle, d'après le galeriste allemand, s'est révélée être un faux (déjà !).
2. La première biographie du peintre a été rédigée par Wilhelm Uhde (1911). L'essai d'Adolphe Basler, *Henri Rousseau : sa vie, son œuvre* (Librairie de France, 1927), plus documenté, a fait date.
3. *Les Soirées de Paris*, n° 20, 15 janvier 1914.

ÉTUDES, REPORTAGES, RÉFLEXIONS

Les conservateurs américains à l'assaut des universités d'excellence

Annick Steta

Dès son retour à la Maison-Blanche, Donald Trump est parti en croisade contre les universités les plus prestigieuses des États-Unis. Au prétexte de lutter contre l'antisémitisme, l'antisionisme, le « wokisme » et le marxisme, qui, selon lui, gangrèneraient ces institutions, il a adopté un ensemble de mesures destinées à les placer sous le contrôle de l'État fédéral et à réduire leur autonomie financière. L'apparente irrationalité de ces attaques a surpris les observateurs étrangers : pourquoi s'en prendre à des centres d'enseignement et de recherche qui sont le creuset de la domination scientifique, technologique et économique exercée par les États-Unis ? En réalité, cette offensive soigneusement préparée s'inscrit dans le cadre de la guerre culturelle ouverte par la frange la plus conservatrice de l'électorat américain. Avec sa brutalité et ses excès, Donald Trump est le bras armé d'une myriade d'organisations unies par un objectif commun : conquérir les lieux de pouvoir et détruire ceux qui leur échappent. Riches, cosmopolites, parfois plus anciennes que les États-Unis eux-mêmes, les universités d'excellence constituent une cible de choix.

Annick Steta est docteur en sciences économiques et diplômée de la Harvard Kennedy School.
annick.steta@alumni.harvard.edu

Le président Trump a concentré ses attaques sur l'Ivy League, qui regroupe huit universités privées situées dans le nord-est du pays (1). Ces établissements sont extrêmement sélectifs. En 2024, le taux d'admission en premier cycle (*college*) était inférieur à 6 % dans sept d'entre eux. Il était trois fois supérieur voilà une vingtaine d'années. Seul 1 % des étudiants de premier cycle y sont inscrits. Largement majoritaires au niveau du *college*, les citoyens américains doivent faire face à la concurrence d'excellents candidats étrangers à l'entrée en master et en doctorat. Il leur est donc devenu plus difficile d'y accéder. D'autres universités d'élite partagent ces caractéristiques : c'est notamment le cas du California Institute of Technology (Caltech), du Massachusetts Institute of Technology (MIT) et de Stanford.

En dehors de leur sélectivité, ces universités ont un autre trait commun : leurs frais de scolarité sont extrêmement élevés. Au niveau du *college*, le coût d'une année universitaire, comprenant droits de scolarité, logement, alimentation et dépenses courantes, est d'environ 90 000 dollars (77 870 euros). Le coût total de la préparation du *bachelor's degree*, qui dure quatre ans, est donc de 360 000 dollars. Les étudiants issus de familles modestes sont éligibles à des bourses, qui peuvent être très généreuses. Harvard finance ainsi intégralement la scolarité des étudiants dont les parents gagnent moins de 100 000 dollars par an. Cette mesure a pour objectif d'inciter les lycéens brillants venant d'un milieu peu favorisé à se porter candidats. Les étudiants dont les parents appartiennent à la classe moyenne ne bénéficient pas d'aides aussi importantes. S'ils souhaitent s'inscrire dans une université d'excellence, ils devront s'endetter lourdement. Ce fardeau financier pèsera sur leur choix de carrière : il leur sera difficile de s'orienter vers une profession utile socialement mais peu rémunératrice. Les candidats appartenant à une famille aisée sont bien évidemment dans une situation très différente. Cet avantage est conforté par le système des *legacy admissions*, qui permet à une université de favoriser les postulants ayant un lien étroit – généralement de filiation – avec un ancien élève ou un membre du personnel. Jusqu'à présent, l'administration Trump ne s'est guère émue de l'existence d'un système contrevenant aux principes méritocratiques qu'elle affirme défendre. Elle changera peut-être son fusil d'épaule pour accroître la pression financière sur les universités d'excellence : une partie des dons que celles-ci reçoivent provient d'anciens élèves soucieux de faciliter l'entrée de leurs descendants dans leur *alma mater*.

Le fait que les diplômés des universités d'excellence soient surreprésentés dans les cercles du pouvoir politique, économique et médiatique contribue à les rendre désirables. Mais il nourrit aussi le ressentiment de ceux qui n'y ont pas eu accès, qu'ils se soient ou non portés candidats. Les efforts consentis par ces institutions pour abaisser les barrières à l'entrée sans renoncer ni à leur sélectivité ni à la rigueur de leur cursus se sont retournés contre elles. L'utilisation de critères relevant de la discrimination positive pour corriger les inégalités dont souffrent certains individus en raison de leur sexe, de leur genre, ou de leur appartenance à une race ou une ethnie a été vivement contestée par ceux qu'elle pénalisait. En juin 2023, la Cour suprême a interdit aux *colleges* d'inclure des critères raciaux dans leurs procédures d'admission. Elle a appuyé sa décision sur l'existence d'une discrimination négative : le « bonus » dont bénéficiaient les candidats issus de minorités raciales s'accompagnait d'un « malus » pour les candidats non admis en dépit de leur mérite équivalent ou supérieur. La Cour a ainsi renversé une jurisprudence constante depuis la décision Bakke de 1978. Elle n'a toutefois pas interdit la mention de l'appartenance raciale dans les dossiers de candidature, à condition que celle-ci soit associée à des considérations relatives au mérite individuel des postulants (2).

Il est exact que les préoccupations liées à la diversité, l'équité et l'inclusion (*diversity, equity and inclusion* – DEI) ont pris une place importante lors du dernier quart de siècle dans les procédures d'admission comme dans le fonctionnement de la plupart des universités américaines. Ce rôle grandissant a été amplement critiqué, aux États-Unis comme ailleurs – en particulier en France, où la République « assure l'égalité devant la loi de tous les citoyens sans distinction d'origine, de race ou de religion » (3) et où le concours demeure le mode de recrutement privilégié des grandes écoles. Pour comprendre cette évolution, il faut avoir conscience de la profondeur des clivages raciaux et de l'ampleur des inégalités sociales aux États-Unis. Ce pays, qui attire depuis deux siècles des immigrants en quête d'un avenir meilleur, s'est construit autour du mythe du « rêve américain » : à force de travail, n'importe qui pourrait y faire fortune. La réalité est plus sombre. Au fil du temps, l'écart entre les promesses de l'*American way of life* et les conditions de vie des plus modestes, issus pour beaucoup d'une minorité raciale ou ethnique, est devenu de plus en plus difficile à supporter et à justifier. La mise en place de programmes DEI a procédé de la volonté de lutter contre les inégalités d'accès à l'enseignement supérieur, devenu la clé de la mobilité sociale aux États-Unis comme dans la plupart des économies avancées.

Le drame est que beaucoup d'universités, dont les universités d'excellence, ont poussé cette logique jusqu'à l'absurde. Nombre d'entre elles ont exigé des candidats à un poste d'enseignant qu'ils témoignent de leur adhésion aux principes irriguant ces programmes. Cette exigence allait à l'encontre d'une de leurs missions essentielles : développer l'esprit critique des étudiants en les exposant à des opinions différentes. La présence des conservateurs dans le corps enseignant des universités de l'Ivy League et des institutions comparables a été progressivement réduite à peau de chagrin. En 2023, un sondage réalisé auprès du corps enseignant de Harvard a montré que seuls 3 % de ses membres se considéraient comme « conservateurs » ou « très conservateurs » (4). Harvard a supprimé en juin 2024 l'obligation pour les enseignants potentiels de décrire leurs efforts pour faire progresser la diversité, l'équité et l'inclusion. Un de ses plus célèbres professeurs, le philosophe Michael Sandel, s'est félicité de cette renonciation à ce qu'il a qualifié d'« excès idéologique, intrusif, et de toute façon inefficace » (5). D'autres universités d'excellence, dont le MIT, ont emprunté la même voie. Elles n'en demeurent pas moins des bastions progressistes au sein desquels les voix des conservateurs, même modérés, sont peu audibles.

Le poids de l'anti-intellectualisme

L'élitisme intrinsèque de ces universités entre par ailleurs en contradiction avec une tendance lourde de la société américaine : l'anti-intellectualisme, défini comme « la méfiance à l'égard de tout ce qui relève de l'activité ou du domaine de l'intellect (distingué de l'intelligence), c'est-à-dire l'esprit critique, l'esprit créateur, la pure spéculation, la recherche sans but pratique définissable dans l'immédiat » (6). Dans un ouvrage publié en 1963, l'historien Richard Hofstadter (1916-1970) a analysé ce qu'il considérait comme un trait caractéristique de la démocratie américaine (7). Il liait son émergence au déclin du puritanisme et à la montée en puissance de l'évangélisme dans les territoires de la « frontière », la ligne marquant la zone limite de l'implantation des colons d'origine européenne. L'historienne française Marianne Debouzy (1929-2021), qui comptait parmi les meilleurs spécialistes des États-Unis de sa génération, a rappelé que l'évangélisme « fait confiance à l'inspiration plutôt qu'à la doctrine et au savoir » (8). Hofstadter a par ailleurs souligné qu'une forme d'hostilité à l'égard des intellectuels était apparue dans les cercles politiques de la jeune République dès le début du XIXe siècle. Il considérait enfin que le culte voué par les Américains aux hommes d'action avait renforcé cet anti-intellectualisme.

Durant la campagne pour l'élection présidentielle de 2024, Donald Trump a bénéficié du soutien massif des chrétiens évangéliques. Ceux-ci le considèrent comme un « miraculé » depuis qu'il a survécu à une tentative d'assassinat. Leur vote a joué un rôle clé dans son retour à la Maison-Blanche. En tirant à boulets rouges contre les universités d'excellence, que les évangéliques voient comme des lieux de perdition, le président des États-Unis cherche à consolider sa base en vue des élections de mi-mandat. Il peut également compter sur l'appui des artisans du Projet 2025, un ensemble de réformes proposé par la Heritage Foundation afin de transformer de fond en comble le gouvernement fédéral. Cette fondation, qui tient à la fois du laboratoire d'idées et du lobby, est proche du Parti républicain. Elle a progressivement adopté les positions du conservatisme Maga (*Make America Great Again*). Son président actuel, Kevin D. Roberts, a publié en 2024 un ouvrage dans lequel il se livre à une attaque en règle contre les universités d'excellence. À ses yeux, pour que l'Amérique renoue avec la prospérité, il faut « brûler » un certain nombre d'institutions, dont (pour commencer) « chaque *college* de l'Ivy League », mais aussi « 80 % de l'enseignement supérieur "catholique" » (la charité chrétienne ne faisant probablement pas bon ménage avec ses pulsions purificatrices) (9). Le fait que cet ouvrage ait été préfacé par J. D. Vance n'est évidemment pas anodin. Contrairement à Donald Trump, dont les convictions religieuses sont sujettes à caution, le vice-président des États-Unis considère que la dimension spirituelle fait partie intégrante du combat politique. Il est un des stratèges majeurs de la guerre culturelle menée par les républicains radicaux, désormais majoritaires au sein de leur parti. Lors de l'édition 2021 de la National Conservatism Conference, une conférence politique se réclamant d'un populisme de droite, J. D. Vance n'avait pas hésité à déclarer qu'il fallait attaquer les universités « de façon agressive » et que « les professeurs *[étaient]* l'ennemi ».

Les manifestations de soutien à la cause palestinienne qui se sont multipliées sur les campus après l'attaque du Hamas contre Israël le 7 octobre 2023 ont été du pain béni pour le mouvement Maga. Disons-le nettement : oui, l'antisémitisme et l'antisionisme existent au sein des universités d'excellence. Les préjugés à l'encontre des juifs et la haine d'Israël sont-ils plus répandus dans ces institutions que dans le reste de la société américaine ? Nul ne le sait. Ce qu'on sait, en revanche, c'est que Donald Trump n'a jamais condamné l'antisémitisme avéré de certains de ses partisans. Parmi ceux qui ont été arrêtés après avoir pris d'assaut le Capitole le 6 janvier 2021 et que le président réélu a graciés, on trouve des membres de la mouvance néonazie. L'un d'eux avait revêtu un sweat-shirt portant l'inscription « Camp Auschwitz » au-dessus d'une tête de mort. Le président des États-Unis a l'indignation sélective.

En habile politicien, Donald Trump a utilisé les déclarations antisémites et antisionistes faites sur les campus des universités d'excellence pour soumettre celles-ci à une enquête du ministère de la Justice. Il s'est assuré de la sorte la sympathie des organisations sionistes chrétiennes, qui constituent un courant important au sein de la mouvance évangélique (10). Puis il a entrepris de resserrer l'étau autour des institutions de l'Ivy League en agissant simultanément sur plusieurs fronts : lier le versement de fonds fédéraux aux progrès de la lutte contre l'antisémitisme, dont le pouvoir exécutif serait seul juge ; exiger l'abandon des programmes DEI, l'adoption de procédures d'admission reposant exclusivement sur les mérites des candidats, ainsi qu'un droit de regard sur le recrutement des enseignants et le contenu des cours.

Quand Alan Garber, le président de Harvard, a annoncé que cette université refusait de se plier à des exigences excédant les limites du pouvoir fédéral, un torrent de feu s'est abattu sur elle. L'administration Trump a immédiatement bloqué 2,2 milliards de dollars de subventions destinées au financement de la recherche. Elle a ensuite remis en cause les exemptions d'impôts dont Harvard bénéficie en qualité d'organisation à but non lucratif. Puis elle l'a privée de la faculté d'admettre des étudiants étrangers. Sans doute tentera-t-elle également de taxer son fonds de dotation (*endowment*), qui était supérieur à 50 milliards de dollars en 2024.

Harvard a répliqué en saisissant la justice. Comme d'autres institutions de l'Ivy League, elle a pour objectif de conclure avec l'administration Trump un accord qui préserverait l'essentiel : la liberté d'enseigner, de chercher et d'innover. Si les universités d'excellence perdaient cette partie, l'Amérique n'en sortirait pas grandie.

1. L'Ivy League comprend Brown, Columbia, Cornell, Dartmouth, Harvard, l'université de Pennsylvanie, Princeton et Yale.
2. Denis Lacorne, « Coup fatal contre la discrimination positive par la Cour suprême des États-Unis », 10 juillet 2023 (https://www.sciencespo.fr/fr/actualites/attaque-contre-la-discrimination-positive-par-la-cour-supreme-des-etats-unis/).
3. Article premier de la Constitution de 1958.
4. Rahem D. Hamid et Elias J. Schisgall, « More Than Three-Quarters of Surveyed Harvard Faculty Identify As Liberal », *The Harvard Crimson*, 22 mai 2023.
5. « Michael Sandel, philosophe : "Le monde universitaire américain doit résister à Trump mais savoir aussi se remettre en question" », propos recueillis par Valentine Faure, *Le Monde*, 9 juin 2025.
6. Marianne Debouzy, « L'anti-intellectualisme dans la vie américaine », *Annales. Économies, sociétés, civilisations*, 20e année, n° 4, 1965, p. 760.
7. Richard Hofstadter, *Anti-Intellectualism in American Life*, Knopf, 1963.
8. Marianne Debouzy, *op. cit.*, p. 761.
9. Kevin D. Roberts, *Dawn's Early Light. Taking Back Washington to Save America*, Broadside Books, 2024, p. 2.
10. Voir sur ce point Célia Belin, *Jésus est juif en Amérique*, Fayard, 2011.

La Pologne, l'essor fulgurant

Paulina Dalmayer

Ce fut l'inénarrable anecdote de la dernière décennie du communisme en Pologne : à l'occasion de la création du syndicat Solidarność, en 1980, Lech Wałęsa promettait à ses compatriotes de faire de leur pays « un deuxième Japon ». Rires ! Acheter trois tranches de saucisson relevait alors du prodige, tandis que disposer d'une ligne téléphonique exigeait des années de patience et de pots-de-vin. Qu'en 2026 le PIB polonais *per capita* dépassera réellement celui du Japon, à en croire les prévisions de la Banque mondiale, étonne d'abord les Polonais eux-mêmes, encore incrédules de leur succès. Dotée en outre de la troisième armée de l'Otan, la Pologne semble pourtant avoir bel et bien gagné sa place parmi les puissances européennes. Reste à savoir comment la victoire du nationaliste Karol Nawrocki à l'élection présidentielle de juin dernier infléchira la trajectoire du pays, désormais considéré comme une « locomotive européenne ». Sans oublier d'examiner ce que le choix de cet admirateur de Trump dit de la vague populiste qui secoue l'ordre international et n'épargne pas la France.

Paulina Dalmayer est journaliste. Dernier ouvrage publié : *Les Utopistes* (Grasset, 2023).
dalmayer@orange.fr

Riche comme un Polonais ?

Quiconque a connu la Pologne à l'époque où Lech Wałęsa faisait sa fameuse promesse ne reconnaîtrait pas ce pays aujourd'hui. « Dans certains quartiers, on se croirait en Suisse », a noté Renaud Girard dans *Le Figaro* du 9 septembre 2024. En une génération, la Pologne est passée de pays qui suscitait de la compassion, tant l'histoire l'avait éprouvé, à celui qui peut susciter l'admiration, sinon l'envie, chez ses voisins de l'Ouest. Avant de devenir le Premier ministre du Royaume-Uni, Keir Starmer, en chef de l'opposition, s'était même ému de la perspective que dans la prochaine décennie, un Polonais moyen sera plus fortuné qu'un Britannique moyen : « Je ne suis pas à l'aise avec ça ! »

Traduite en chiffres, l'évolution paraît non moins impressionnante : en 1990, le PIB polonais *per capita* avoisinait celui du Brésil, à savoir 12 810 $, pour passer à 43 585 $ en 2023, autrement dit à peine 2 500 $ de moins que le Japon. Et la performance polonaise ne s'arrête pas là. La Pologne en 2025, c'est le marché boursier le plus dynamique au monde, avec son indice, le WIG, qui a augmenté de 30 % depuis le début de l'année, soit loin devant le DAX allemand (18 %) et le CAC 40 (6 %). Grâce à un plan d'investissement massif de 155 milliards d'euros pour l'année en cours, le pays s'impose également en leader dans la dépense publique, concernant en premier lieu les secteurs des infrastructures routières et des chemins de fer. D'après les estimations de la Commission européenne, l'économie polonaise continuera à se développer plus rapidement que l'économie européenne en moyenne. Le talent de la classe politique polonaise pour attirer des investisseurs étrangers y joue un rôle certain. En février dernier, le Premier ministre, Donald Tusk, a triomphalement annoncé la signature de juteux contrats avec des géants américains du numérique, à commencer par Google, dont le président-directeur général, Sundar Pichai, a paraphé en Pologne un mémorandum sur l'utilisation de l'intelligence artificielle (IA) dans l'énergie et la cybersécurité, censée doper le PIB polonais de 8 %. De son côté, Brad Smith, président de Microsoft, s'est présenté à Varsovie avec un chèque de 700 millions de dollars destinés à augmenter les prouesses informatiques du pays. Enfin, la Pologne affiche un taux de chômage de 2,8 %, quand en France il s'élève à 7,3 % selon l'Insee.

Chercher à élucider cette réussite nécessite d'évoquer deux événements majeurs dans l'histoire récente de la Pologne : tout d'abord la transition économique du début des années quatre-vingt-dix, appelée communément « la thérapie de choc », et ensuite l'adhésion à l'Union européenne. Épaulé par Jeffrey Sachs et George Soros, le ministre polonais des Finances dans le premier gouvernement non communiste, Leszek Balcerowicz, a en effet arrimé l'économie centralisée et planifiée du pays au marché libre, sous les applaudissements du Fonds monétaire international. Si ses réformes votées en blocs par la Diète (chambre basse du parlement polonais) ont réduit drastiquement le pouvoir de l'État dans l'économie, limité la dette intérieure et encouragé la création de plus de 600 000 entreprises et sociétés privées, le coût social immédiat s'est révélé exorbitant avec plus d'un million de Polonais réduits au chômage. La claque de Balcerowicz, aussi douloureuse qu'elle fût, a néanmoins permis à la Pologne de connaître le taux de croissance le plus dynamique de tout le bloc de l'Est, avant même l'élargissement de l'UE.

Les citoyens de la vieille Europe qui se seraient aventurés jusqu'aux bords de la Vistule n'auraient certainement pas manqué d'apercevoir les omniprésents symboles de l'Union européenne apposés à des bibliothèques, musées, institutions officielles ou à l'entrée des autoroutes, pour rappeler aux oublieux que toutes ces constructions flambant neuves ont vu le jour grâce aux fonds européens. Impossible de nier les faits : depuis son adhésion en mai 2004, la Pologne a certes placé 86 milliards d'euros dans le budget de l'Union européenne, mais en tant que pays membre, elle en a tiré 261 milliards. La croissance polonaise n'ayant pas enregistré de ralentissement suite à la suspension des fonds de relance européens en raison du non-respect de l'État de droit sous le gouvernement de Droit et justice (PiS), dans les années 2015-2023, les souverainistes de tous bords rouspètent raisonnablement. Point davantage. Car les Polonais restent à hauteur de 77 % farouchement pro-européens. Personne n'y ferait une carrière politique sur l'idée d'un « Polexit ». En revanche, « l'Europe » a cessé d'être un slogan fédérateur, qui suffirait à lui seul à garantir une victoire électorale. L'échec de Donald Tusk, ancien président du Conseil européen (2014-2019), à imposer son candidat à l'élection présidentielle de 2025 en demeure la preuve. Choisi pour représenter les libéraux centristes de la Coalition civique (KO), Rafał Trzaskowski s'est vu coller une étiquette d'homme d'establishment, hors sol, trop cosmopolite et trop élitiste, de surcroît polyglotte. Il n'a servi à rien que Tusk, qui a la confiance des hautes sphères européennes, ait récupéré une partie des fonds bloqués par la Commission européenne, avant même de mener la réforme du système judiciaire ultra-politisé par le PiS. Si les Polonais font le lien entre leur prospérité et le grand coup de pouce financier de l'Union européenne, s'ils voient toujours dans cette institution un gage de stabilité et de sécurité, ils sont de plus en plus nombreux à contester certaines de ses politiques, en matière par exemple d'immigration et de défense. Ainsi, l'attitude polonaise face à l'UE aurait évolué au fil du temps de docile à frondeuse : « On a certes toujours besoin de l'Europe, mais d'une Europe qui saurait nous écouter et nous entendre. »

Un Polonais d'en bas vote comme un Américain d'en bas

La société polonaise paraît foncièrement conservatrice, à en juger par la phénoménale percée des partis de droite, voire d'extrême droite, à la présidentielle de juin dernier. *A contrario*, de scrutin en scrutin, la gauche stagne à quelque 10 % malgré une offre politique déclinée en trois programmes distincts, émanant de partis plus ou moins radicaux et populistes. Soucieux de hisser un candidat de son parti au sommet de l'État, Donald Tusk a pris en compte ce paramètre en droitisant son discours d'une part et en agissant avec fracas dans le domaine périlleux de l'immigration de l'autre. Au risque assumé de choquer ses collègues européens, le Premier ministre polonais a demandé, et obtenu, l'abrogation temporaire du droit d'asile en cas d'instrumentalisation des migrants, ce qui a vraisemblablement été le cas des malheureux qui se pressaient à la frontière entre la Pologne et la Biélorussie, où ils avaient été précipités par le régime de Moscou et son serviable ami Loukachenko. Pourquoi l'habileté de Tusk n'a-t-elle pas rassuré les électeurs polonais, qui ont préféré un souverainiste au passé de hooligan à son dauphin Trzaskowski ?

Avec un taux de participation de presque 72 %, la présidentielle polonaise de 2025 est aussi entrée dans les annales en raison de la durée excessive de la campagne et de l'ingérence américaine, certes limitée, mais inédite. La course à la présidence du pays menée sur le fil du rasoir a créé des surprises lors du premier tour avec le score de 14,81 % de Sławomir Mentzen, candidat antisystème du parti libertarien Confédération (Konfederacja), et, plus embarrassant encore, celui de 6,34 % de Grzegorz Braun, un antisémite notoire qui a bâti sa carrière politique sur des slogans anti-ukrainiens et le vandalisme. La *alt-right* polonaise aurait-elle triomphé, portée par la victoire de Donald Trump ? C'est en tout cas en faveur de cette hypothèse que penchent certains commentateurs polonais. D'autres, à l'instar de Łukasz Pawłowski, de l'Institut polonais de recherches (OGB), considèrent que le clivage droite-gauche n'est plus une grille de lecture pertinente des comportements électoraux, que ce soit en Pologne, aux États-Unis ou ailleurs en Occident. Face aux élites globalisées, une émotion anti-establishment prend de l'ampleur, dans la mesure où le sentiment d'injustice sociale propulse les candidats qui se réclament du peuple à juste titre ou par opportunisme. « Pour gouverner, assène Pawłowski, les élites doivent avoir une proposition à l'adresse de ceux qui n'en font pas partie et dire "d'accord, c'est nous qui gouvernons, mais c'est vous qui en profiterez". »

Longtemps, le projet commun qui séduisait les Polonais de tous horizons et de toutes les générations était l'adhésion aux structures internationales, l'Otan et l'Union européenne. Une fois cet objectif atteint, la prospérité est devenue un nouveau leitmotiv du discours polonais jusqu'en 2015, quand Droit et justice a emporté une victoire écrasante aux législatives, saisissant le malaise de la société face aux inégalités et ses aspirations à préserver la souveraineté nationale, considérée comme menacée par l'Union européenne et les afflux de migrants que cette dernière s'apprêtait à déplacer vers la Pologne. Dix ans plus tard, Karol Nawrocki, un novice en politique de 42 ans, est devenu le chef de l'État polonais, mettant en avant ses origines populaires, ses boulots d'été pour financer ses études et sa volonté farouche de donner la priorité aux Polonais dans les services sociaux, les soins et l'éducation, tout en s'opposant au transfert de pouvoirs vers Bruxelles. Pas plus son implication dans des rixes, dans sa jeunesse, que la récente acquisition d'un appartement social à un prix préférentiel, ni même les soupçons qu'il ait pu tirer des bénéfices du proxénétisme, n'ont découragé ses soutiens. « Les campagnes présidentielles aux États-Unis et en Pologne démontrent qu'à partir du moment où elles entrent dans une logique de confrontation des classes populaires avec des élites, le fait que le candidat soit bon ou mauvais n'a plus aucune importance », conclut Pawłowski. La seule question est désormais de savoir si avec son passé, son manque d'expérience en politique et ses convictions arrêtées, notamment en ce qui concerne les relations internationales, Nawrocki ne va pas anéantir ce que l'ancien ambassadeur français en Pologne Pierre Buhler appelle « le moment polonais ».

Make Poland Great Again

Forte de la première armée de l'Union européenne avec ses 216 000 soldats et ses achats quasi compulsifs d'armement, de sa détermination à porter les dépenses militaires à 4,7 %, voire à 5 %, de son PIB et de sa position géographique, la Pologne s'est imposée en interlocuteur privilégié et partenaire de la troïka européenne : la France, l'Allemagne et la Grande-Bretagne. « Les hussards ailés sont de retour », s'est même enthousiasmé *The Economist*, soulignant que depuis la république des Deux Nations, dont l'existence a pris fin avec le premier partage de la Pologne, en 1772, jamais le pays n'a manifesté une puissance comparable. La signature du traité franco-polonais à Nancy en mai dernier actait à sa façon ce retour de la Pologne parmi les grandes nations européennes, répondant d'autre part à l'incertitude au sujet de l'engagement américain après la victoire de Donald Trump. Il n'est pas évident que cette dynamique résiste à cinq années de pouvoir d'un eurosceptique doté d'un solide droit de veto à la tête de l'État polonais.

Contrairement à Donald Tusk, qui a vu dans l'accession de Trump à la Maison-Blanche un prétexte pour réarmer l'Europe et chercher des alliances avec les partenaires extra-européens tels le Canada ou le Japon, Karol Nawrocki s'est fait connaître par son allégeance indéfectible aux États-Unis. Il faut croire qu'il s'agit d'un amour réciproque car l'administration américaine a précipité son émissaire Kristi Noem, la secrétaire à la Sécurité intérieure, au grand rassemblement électoral de Nawrocki, par ailleurs calqué sur l'annuelle Conservative Political Action Conference des républicains, dans le but de rassurer et de convaincre : « Si vous élisez un leader qui travaille avec le président américain, le peuple polonais aura un allié fort qui garantira que vous pourrez combattre les ennemis ne partageant pas vos valeurs. » Pour l'heure, il n'est pas encore certain que les 10 000 soldats américains qui stationnent en Pologne y resteront, comme le souhaitent les Polonais. En revanche, suite à l'élection de Nawrocki, les États-Unis de Trump ont avec certitude gagné un fidèle et obéissant dirigeant européen, qui a déclaré : « Je n'enverrai pas les soldats polonais se battre en Ukraine, je consoliderai l'alliance polono-américaine et m'opposerai à la création d'une Otan bis dans l'Union européenne. » Un magistral pied de nez à Donald Tusk, qui avait fanfaronné en février avant le sommet de Londres sur l'Ukraine en relevant un étrange paradoxe : « 500 millions d'Européens demandent à 300 millions d'Américains de les protéger de 140 millions de Russes. »

Il faut concéder que la Pologne n'a jamais été véritablement prête à lâcher la tutelle militaire américaine pour la promesse d'une défense européenne commune, laquelle reste un vœu pieux. Elle l'a envisagé d'autant moins que le pays s'est massivement armé aux États-Unis et en Corée du Sud, au détriment des intérêts de l'Union européenne, qu'elle avait pourtant l'ambition de mobiliser autour de l'Ukraine attaquée.

À l'heure où les stocks de munitions envoyés à Kiev par l'administration Biden fondent à vue d'œil, un président polonais qui a des comptes historiques à régler avec les Ukrainiens ne promet rien de glorieux. L'instrumentalisation politicienne des massacres commis par les nationalistes ukrainiens sur des civils polonais pendant la Seconde Guerre mondiale laisse craindre, au contraire, un repli sur soi de Varsovie, savamment préparé par Nawrocki. En historien et directeur du controversé Institut de la mémoire nationale (IPN), il ne cesse en effet de répéter qu'il n'y a pas de place dans les alliances internationales pour un pays incapable de rendre compte du crime de grande ampleur qu'il a commis. Difficile de lui donner entièrement tort sur cette question. Toutefois, une telle attitude, si elle est maintenue, menace aussi les relations germano-polonaises, brouillées par l'interminable querelle sur les réparations de guerre, auxquelles Donald Tusk a voulu renoncer. L'Europe perdra-t-elle sa locomotive ? La Pologne risque plutôt de devenir un wagon à la traîne…

Immigration algérienne et « indochinoise » : regard croisé

Nicolas Pouvreau-Monti

« Les Algériens devraient avoir des visas d'une durée de 132 ans en France. » Tels ont été les mots d'Abdelmadjid Tebboune, dans un entretien accordé au *Figaro* le 29 décembre 2022. Par cette formule, le président algérien entendait replacer la relation migratoire avec la France dans un cadre mental bien connu : celui de la culpabilité coloniale – en faisant allusion à la durée de la présence française en Algérie, éclairée sous le jour unilatéral de l'oppression. Ce faisant, il donnait aussi une idée de la façon dont cette relation est envisagée par le régime algérien et, dans une mesure non négligeable, au sein de la diaspora : l'immigration des Algériens en France est conçue comme un « dû », contrepartie compensatoire de la colonisation et n'impliquant aucune forme de réciprocité dans les efforts consentis.

Nicolas Pouvreau-Monti est directeur de l'Observatoire de l'immigration et de la démographie.
nicolas.monti@observatoire-immigration.fr

La forte tension attestée depuis le début de l'année 2025 entre les gouvernements des deux pays, dans le contexte du refus par Alger de réadmettre ses ressortissants en situation irrégulière (y compris – ou surtout – les plus dangereux d'entre eux), des mesures de rétorsion évoquées à Paris et de l'emprisonnement de Boualem Sansal : tout cela paraît ramener sans cesse à la question coloniale. En particulier, le souvenir des huit années tragiques du conflit ayant précédé l'indépendance de 1962 se trouve convoqué, du côté de ceux qui somment nos dirigeants de ne pas « recommencer la guerre d'Algérie » par une fermeté jugée excessive envers le régime algérien.

Quelques mois avant la « Toussaint rouge » de 1954, qui marqua le début des hostilités dans les départements français d'Algérie, s'était achevé un autre affrontement terrible, ayant duré neuf ans et fait plus de victimes – probablement deux fois plus – que le conflit algérien ne devait en produire à sa suite : la guerre d'Indochine. Les personnes originaires d'Algérie sont aujourd'hui la population immigrée la plus nombreuse en France. Cependant, notre pays a aussi reçu, pendant trois décennies, une immigration significative du Vietnam, du Cambodge et du Laos.

Les trajectoires comparées de ces deux immigrations, venues d'Algérie et d'Asie du Sud-Est (pour reprendre la catégorie de l'Insee regroupant les trois pays qui formaient autrefois l'Indochine française), méritent d'être regardées en miroir tant leur contexte commun d'origine coloniale apparaît contrasté avec leurs dynamiques d'intégration extrêmement hétérogènes.

Chronologiquement, les flux migratoires en provenance d'Algérie sont les premiers à arriver en métropole de façon notable, dans les années cinquante. Le nombre d'immigrés algériens est multiplié par dix entre 1946 et 1954, pour atteindre 350 000 personnes au moment de l'indépendance en 1962 (1). Contrairement à une idée souvent avancée dans le débat public, cet afflux contribue peu à la « reconstruction du pays » (celle-ci étant achevée dès 1951, à une époque où les travailleurs coloniaux représentaient moins de 1 % de la population active). Ce début de l'immigration algérienne est à mettre en relation avec la priorité volontariste accordée aux Algériens par le gouvernement français, la crise économique et sociale qui frappe le territoire algérien (dont la production – notamment agricole – ne suivait pas la croissance très rapide de la population) et, bien sûr, avec les besoins en main-d'œuvre d'une économie française plongée dans un tourbillon expansionniste (jusqu'à 8 % de croissance par an).

Les flux ne se tarissent pas avec l'indépendance. On compte 555 000 immigrés algériens en 1975, au moment d'un tournant majeur dans l'histoire de l'immigration. Après le premier choc pétrolier de 1973, qui marque la fin des Trente Glorieuses, l'immigration de travail est officiellement suspendue le 3 juillet 1974. Cependant, le regroupement familial prévu par le décret du 29 avril 1976 et les dispositions spécifiques applicables aux Algériens sous le régime de l'accord du 27 décembre 1968 conduisent à une poursuite des flux migratoires, qui changent de nature : non plus essentiellement économique, mais d'abord familiale. Cette réalité est toujours celle de l'immigration algérienne aujourd'hui : en 2024, les titres de séjour pour motifs familiaux ont représenté 55 % des premiers titres accordés à des ressortissants algériens (2), soit le double de la moyenne constatée pour toutes les nationalités (27 %). À l'inverse, les primo-titres pour motif de travail n'ont représenté que 9 % du total pour cette nationalité (contre 17 % en moyenne).

L'impact de cette disproportion est d'autant plus marqué que la France accorde, à elle seule, les deux tiers des premiers titres de séjour octroyés à des Algériens dans l'ensemble de l'Union européenne. L'Algérie reste la principale nationalité bénéficiaire du stock de titres de séjour en cours de validité. La moitié des immigrés originaires d'Algérie qui vivent dans notre pays en 2023 y sont arrivés après l'an 2000. Au total, la diaspora d'origine algérienne en France peut être estimée à 2,1 millions de personnes sur deux générations (2,7 millions au moins en incluant la troisième génération) (3).

La trajectoire historique des immigrations vietnamienne, cambodgienne et laotienne en France apparaît bien différente. Entre 1954 – date de la signature des accords de Genève, qui mettent fin à la guerre d'Indochine – et 1965, on estime entre 30 000 et 35 000 le nombre de rapatriés indochinois qui s'établissent en France, pour la plupart issus de mariages mixtes entre des militaires français et des femmes indochinoises, mais aussi des auxiliaires de l'armée et de l'administration françaises. S'ensuivent quinze ans d'instabilité dans la région, marquée par les conflits armés et l'ascension au pouvoir de dictatures communistes : les Khmers rouges de Pol Pot et leurs atrocités génocidaires au Cambodge, Pathet Lao au Laos, l'invasion du Sud-Vietnam par le Nord-Vietnam, la guerre entre le Vietnam et le Cambodge…

Ces soubresauts sanglants conduisent à un large accueil par la France de ceux qu'on appelle les *boat people* : elle devient leur première terre de refuge en Europe et la deuxième au monde, derrière les États-Unis, avec environ 130 000 réfugiés pris en charge. Ces flux se poursuivent dans les années quatre-vingt – avec une dimension économique non négligeable dans ces dynamiques migratoires, du fait de l'écart significatif entre les niveaux de vie de départ et d'arrivée. Au total, le nombre d'immigrés originaires d'Asie du Sud-Est en France est multiplié par neuf entre 1968 et 1990. La libéralisation économique de ces pays et leur entrée dans une dynamique de développement conduisent à une décélération des flux dès la fin des années quatre-vingt-dix.

En 2023, les populations originaires d'Asie du Sud-Est en France comptent environ 154 000 immigrés (77 000 du Vietnam, 48 000 du Cambodge, 29 000 du Laos) et 185 000 descendants d'immigrés de deuxième génération, soit une diaspora d'environ 340 000 personnes au total (4).

En réalité, les flux migratoires issus de l'Asie du Sud-Est sont stabilisés : seuls 25 % des immigrés du Vietnam, du Cambodge et du Laos sont arrivés en France depuis l'an 2000, contre 58 % pour l'ensemble des immigrés du (vaste) continent asiatique. Aucun des trois pays concernés ne figurait dans le top 20 des premiers titres de séjour délivrés en 2021 (selon les dernières données de ventilation par nationalité disponibles à cette maille). Seules 152 premières demandes d'asile ont été déposées par des requérants d'Asie du Sud-Est en 2023 (5).

Intégration économique spectaculaire

Au-delà de l'évidente asymétrie quantitative des diasporas algérienne et asiatique du Sud-Est en France, d'autres formes de différences, qualitatives, se font jour entre ces deux immigrations parfois qualifiées de « postcoloniales ». Que l'on se penche sur les indicateurs économiques, sociaux, éducatifs ou culturels, le constat est flagrant : tandis que l'immigration d'Asie du Sud-Est apparaît surperformer dans la plupart de ces domaines, l'immigration algérienne en vient à résumer symboliquement l'ensemble des problèmes et des défis associés aux actuelles politiques migratoires.

Sur la première génération des immigrés au sens strict (les personnes nées étrangères à l'étranger), le niveau moyen de qualification des deux populations apparaît bien plus faible conjointement que celui de la population non immigrée : 44 % des immigrés d'Asie du Sud-Est vivant en France n'ont aucun diplôme ou seulement un niveau brevet/CEP, tout comme 38 % des immigrés d'Algérie, contre 13,5 % parmi les personnes sans ascendance migratoire directe (6).

Étonnamment, l'on constate pourtant déjà de très forts écarts d'insertion sur le marché du travail : le taux de chômage des immigrés algériens est quatre fois supérieur à celui des immigrés vietnamiens, cambodgiens et laotiens (13,5 % contre 3,2 %). Ce dernier est même… deux fois moins élevé que celui des personnes sans ascendance migratoire (6,5 %) ! À l'inverse, le taux d'emploi des immigrés d'Asie du Sud-Est – c'est-à-dire la part des personnes en âge actif qui occupent effectivement un emploi – est supérieur de presque vingt points à celui des immigrés d'Algérie : 75 % contre 56 % (7).

Cette intégration économique est d'autant plus spectaculaire que la connaissance de la langue française fait souvent défaut chez ces immigrés d'Asie du Sud-Est : 48 % d'entre eux n'avaient aucune maîtrise en matière de compréhension du français à leur arrivée en France (données

2019-2020), 49 % n'avaient aucune compétence en matière d'expression orale, 51 % ne maîtrisaient pas du tout la lecture du français et la même proportion n'avait aucune capacité à l'écrire (8).

Pour autant : en l'espace d'une génération, les populations originaires d'Asie du Sud-Est basculent des scores les plus bas aux scores les plus élevés quant au niveau de diplôme – et ce malgré un contexte familial de moindre qualification et de moindre maîtrise de la langue française. Seuls 6,6 % des descendants d'immigrés vietnamiens, cambodgiens ou laotiens ayant terminé leurs études initiales n'ont aucun diplôme ou seulement un brevet/CEP, soit le taux le plus bas parmi l'ensemble des origines migratoires, près de trois fois inférieur à la moyenne de l'ensemble des descendants d'immigrés (17 %) et même deux fois inférieur au taux des personnes qui ne sont ni immigrées ni descendantes d'immigrés (13,5 %). Au contraire, 38 % d'entre eux ont un diplôme supérieur à bac + 2 ; cette part est significativement plus élevée que la moyenne des descendants d'immigrés (25,6 %) et même des personnes sans ascendance migratoire (27 %). Non sans rapport avec cette réussite académique spectaculaire, le taux de chômage des descendants d'immigrés d'Asie du Sud-Est est le plus faible parmi toutes les origines migratoires extra-européennes, à 5,6 % (9).

Le même genre de constat ne peut, hélas, pas être dupliqué quant à la trajectoire d'intégration des descendants d'immigrés algériens. 27 % d'entre eux ont un niveau de diplôme ne dépassant pas le collège – quatre fois plus, donc, que parmi les enfants d'immigrés asiatiques du Sud-Est. Seuls 18 % ont un diplôme supérieur à bac + 2 ; deux fois moins que dans la catégorie précitée. Leur taux d'emploi n'est que de 49 %, inférieur de presque vingt points à la moyenne de la population générale (68 %). Leur taux de chômage est de 14,7 % – plus élevé encore que celui des immigrés *stricto sensu* de la même origine (les personnes nées algériennes en Algérie) (10).

À quoi tient donc le succès scolaire et universitaire de la « deuxième génération » vietnamienne ou cambodgienne ? Un terrain d'explication apparaît de manière assez nette : le modèle familial. Comme le résume le démographe Gérard-François Dumont, « la réussite des enfants d'immigrés dans l'intégration ne peut se faire que si le cadre familial agit comme un aiguillon. Si le père fait preuve d'autoritarisme sur la femme sans satisfaire au devoir d'autorité sur ses enfants, les chances d'intégration sont maigres. Or il y a des types familiaux qui sont néfastes et d'autres qui sont positifs ». Au sein des foyers vietnamiens, « la famille place l'instruction et les performances scolaires au centre de ses préoccupations. Elle se révèle en conséquence être un remarquable creuset d'intégration » (11). Cette démarche apparaît s'inscrire, de manière plus large, dans une grande confiance accordée aux institutions de la société d'accueil.

En toute logique, des profils économiques et éducatifs aussi contrastés impliquent un recours fortement différencié aux dispositifs de solidarité collective et aux dépenses publiques, particulièrement sociales. L'exemple des conditions de logement apparaît éclairant à cette aune. En 2019-2020, 49 % des immigrés algériens en France vivaient dans un ménage en logement social, tout comme 44 % des descendants d'immigrés de la même origine, soit quatre fois plus que parmi les personnes sans ascendance migratoire (11 %). Dans la diaspora d'Asie du Sud-Est, cette part n'était que de 14 % pour la première génération et de 13 % pour la deuxième. À l'inverse, 61 % des immigrés originaires d'Asie du Sud-Est vivaient dans un ménage propriétaire de son logement ; un taux record parmi l'ensemble des origines migratoires. Cette part n'était que de 22 % parmi les immigrés algériens (quarante points de moins !) et de 33 % chez les descendants, contre 53 % dans la population générale (12).

Dans son étude « Les étrangers extra-européens et le logement social en France » (13), l'ancien préfet Michel Aubouin résume ces stratégies différenciées :

> « Si les ménages français habitent en HLM faute de pouvoir accéder à la propriété, ou s'ils le font de manière provisoire (les jeunes couples par exemple), les familles originaires du Maghreb (Algérie et Maroc) considèrent ce mode de logement comme un droit. Cela tient pour beaucoup aux relations que beaucoup d'entre elles continuent d'entretenir avec le pays d'origine. Quand les premiers cherchent à se constituer un patrimoine immobilier pour échapper à la pression du logement collectif, les seconds investissent dans une résidence secondaire "au pays" qui, d'une certaine façon, illustre leur réussite. »

Corrélativement à ces écarts économiques et sociaux, les indicateurs de l'intégration « culturelle » de ces deux populations varient très sensiblement. Si cette dimension peut sembler moins directement objectivable que l'intégration économique ou sociale, plusieurs métriques permettent néanmoins de la mesurer de manière assez fiable. Il est ainsi du lien maintenu avec le pays d'origine. En 2019-2020, 95 % des immigrés d'Algérie âgés de 18 à 59 ans avaient effectué au moins une visite dans leur pays d'origine depuis leur arrivée en France, tout comme 74 % des descendants d'immigrés ; ces taux étaient de 70 % et 43 % parmi la population originaire d'Asie du Sud-Est, soit vingt-cinq points de moins (14).

Les choix conjugaux constituent aussi un repère précieux pour l'analyse. Les descendants d'immigrés vietnamiens, cambodgiens et laotiens forment le groupe d'origine extra-européenne le moins endogame : seuls 14 % des descendants de deux parents immigrés d'Asie du Sud-Est vivent en couple avec un conjoint de la même origine, contre une moyenne de 35 % pour l'ensemble des descendants d'immigrés – et 55 % des descendants d'immigrés algériens (15).

Ce regard croisé sur deux immigrations issues de l'ancien empire français, aux trajectoires d'intégration radicalement différentes, atteste d'un fait évident : la période coloniale ne constitue pas un déterminant incontournable en la matière. Son invocation systématique par le régime algérien et une partie de ses ressortissants, afin de légitimer une logique d'« ayant droit » en matière migratoire, ne saurait être acceptée par l'opinion ni par les dirigeants français.

Plus largement, ces constats renvoient à l'intérêt que la France pourrait trouver à reprendre le contrôle d'une plus large part de sa politique migratoire – au-delà des seules immigrations professionnelles et étudiantes qui restent aujourd'hui à sa main –, y compris dans le choix des origines géographiques de l'immigration. Elle pourrait alors être conduite de la même manière que toutes les autres politiques publiques, guidée par un objectif rationnel : minimiser les coûts et maximiser les bénéfices, pour la société et l'économie françaises.

1. Peggy Derder, « L'immigration algérienne en France. De la fin du XIXe siècle à 1962 », Musée national de l'histoire de l'immigration, octobre 2012.
2. Direction générale des étrangers en France, « Les titres de séjour », 4 février 2025.
3. « En 2023, 3,5 millions d'immigrés nés en Afrique vivent en France » et « Structure par âge des descendants d'immigrés par origine géographique », Insee, 29 août 2024.
4. *Idem.*
5. Ofpra, rapport d'activité 2023, 18 juillet 2024.
6. « Niveau de diplôme des immigrés et des descendants d'immigrés par origine géographique. Données annuelles 2023 », Insee, 29 août 2024.
7. « Inactivité, chômage et emploi des immigrés et des descendants d'immigrés par origine géographique. Données annuelles 2023 », Insee, 29 août 2024.
8. « Maîtrise des langues par les immigrés », Insee, 30 mars 2023.
9. « Inactivité, chômage et emploi des immigrés et des descendants d'immigrés par origine géographique. Données annuelles 2023 », *op. cit.*
10. *Idem.*
11. Gérard-François Dumont, « La famille, secret de l'intégration, de Christian Jelen », *LU,* 1994.
12. « Immigrés et descendants d'immigrés. Conditions de logement », Insee, 30 mars 2023.
13. Michel Aubouin, « Les étrangers extra-européens et le logement social en France », Observatoire de l'immigration et de la démographie-Fondapol, 2024.
14. « Immigrés et descendants d'immigrés. Rapport au pays d'émigration et pratiques transnationales », Insee, 30 mars 2023.
15. « Immigrés et descendants d'immigrés. Origine des conjoints des immigrés et des descendants d'immigrés », Insee, 30 mars 2023.

« La fin de l'amour » selon René Girard

Pierre Azou

Rythmée par les polémiques autour de formules à l'emporte-pièce – l'appel à un « réarmement démographique » d'Emmanuel Macron, l'expression misogyne de *childless cat lady*, « femme à chat sans enfants », utilisée par le désormais vice-président américain, J. D. Vance, pour attaquer Kamala Harris lors de la campagne présidentielle –, la question de la natalité est aujourd'hui au cœur du débat public, nourrissant alarmisme et récupération idéologique. Se jetant dans ces *Batailles de la natalité*, selon le titre de son dernier ouvrage, le sociologue Julien Damon a mis en avant en février dernier un facteur explicatif à ses yeux trop négligé : ce qu'il désigne comme une « crise de la conjugalité ».

La thèse est intuitive : si moins de bébés naissent, c'est aussi parce que moins de couples se forment, et/ou durent. De fait, dans son « portrait social » de la France de 2024, l'Insee note que « les personnes d'âge actif vivent moins souvent en couple qu'en 1990 et qu'en 1999 car les unions sont moins précoces et plus fragiles » ; d'autres études soulignent une augmentation de la fréquence des séparations, ainsi que du nombre d'adultes vivant seuls. Cependant, là encore, l'interprétation de ces chiffres est sujette à débat. La chercheuse britannique Alice Evans y lit une tendance néfaste des hommes et des femmes à fuir les rencontres réelles pour leur préférer le monde virtuel ; d'autres sociologues, comme Christophe Giraud, y voient une transformation positive des rapports

Pierre Azou est doctorant en études françaises à l'université de Princeton.

amoureux : les ruptures traduiraient des choix plus libres et assumés ; ceux qui vivent seuls entretiendraient des liens tout aussi riches que ceux qui partagent leur quotidien avec un partenaire.

S'il revient à chacun, et au politique, de trancher ces débats, encore faut-il, pour ce faire, bien saisir la tension qui les traverse : la « crise de la conjugalité » n'induit pas nécessairement une remise en question du couple et de la famille comme modèles ou idéals. Au contraire, nombre d'études montrent que la majorité des Français les tient encore pour tels (1). La « crise » de la conjugalité repose donc sur un paradoxe : on se sépare de plus en plus souvent, on tend davantage à vivre seul, mais on continue généralement à vouloir être en couple.

Dès lors, plutôt qu'en son sens usuel, exprimant une inquiétude ou des troubles liés à un dysfonctionnement, voire une désagrégation, il convient d'entendre le mot « crise » dans son sens originel : du grec *krinein*, « décider », la crise est « ce moment décisif qui, dans l'évolution d'un processus incertain, conduit à un diagnostic » (2).

De fait, la sociologue Eva Illouz a bien montré en 2020 que l'amour, la formation du couple, se vivent aujourd'hui sur le mode de ce « processus incertain ». Si l'on peut parler selon elle d'une certaine *Fin de l'amour* (c'est le titre de son livre), ce n'est pas parce que l'on n'aime plus, mais parce que « le contenu, le cadre et les objectifs des contrats sexuels et affectifs sont désormais flous et constamment remis en question » (3). Ou, selon les termes de Maïa Mazaurette, dans une récente chronique pour *Le Monde* consacrée au « couple libre » :

> « Il y a une ou deux générations à peine, le mariage hétérosexuel et monogame était presque une obligation. Aujourd'hui, non seulement nous disposons d'un immense champ des possibles, mais les contours de ce champ se déploient continuellement. Le couple, c'est quand on veut, comme on veut, avec qui on veut. »

L'incertitude, on le constate avec cette citation, est d'autant plus grande qu'elle trouve son origine chez celui-là même qui est censé y mettre un terme en posant le « diagnostic », puis en « décidant » : l'individu. En effet, comme l'avait souligné Gilles Lipovetsky dès la fin des années quatre-vingt-dix, le couple contemporain, loin de s'opposer nécessairement à l'individualisme, peut également être conçu comme un moyen d'« épanouissement individuel » :

> « Les relations amoureuses sont l'expression parfaite de la passion individualiste pour le libre déploiement des inclinations et des désirs personnels. (4) »

Notre paradoxe – on se sépare de plus en plus, mais on veut toujours autant être en couple – mène de ce fait les sociologues en terrain difficile : le cœur battant de chaque individu, tiraillé par des désirs contradictoires. Ce cœur a des raisons que la sociologie ignore ; dès lors qu'il est question d'amour, de désir, il lui faut le concours de la littérature. « Il y a des gens qui n'auraient jamais été amoureux s'ils n'avaient pas entendu parler de l'amour », disait La Rochefoucauld ; et n'est-ce pas encore à travers les romans, les films, les séries que l'on en entend le plus parler ?

La théorie du « désir mimétique »

Or, opérant la jonction entre la sociologie et la littérature, il est une théorie du désir qui explique précisément notre paradoxe, et les tiraillements de l'individu contemporain : la théorie du « désir mimétique » de René Girard. Si celle-ci est principalement connue aujourd'hui dans son versant anthropologique – à travers le concept de « bouc émissaire », qui fait actuellement l'objet d'une récupération abusive outre-Atlantique dans les cercles proches de Donald Trump –, c'est en effet bien à partir des grands romans européens, de Cervantes à Proust, que Girard en a formulé l'intuition première, dans *Mensonge romantique et vérité romanesque*, publié en 1961. À la lumière de cette théorie, il apparaît que les versants contradictoires de notre « crise de la conjugalité », loin de s'opposer, cachent en réalité une dynamique commune : ce n'est pas malgré, mais du fait de notre tendance à la séparation que demeure l'idéal du couple – et inversement.

Au fondement de la théorie du « désir mimétique » de René Girard est l'idée qu'« aucun désir n'est spontané », c'est-à-dire qu'il ne va pas « directement du sujet qui l'éprouve à l'objet qui l'excite ». Au contraire, affirme Girard, « un objet désiré *[...]* est un objet possédé ou désiré par un Autre qu'on prend pour "modèle" » (5). La structure du désir n'est pas linéaire, mais triangulaire : « Le sujet et l'objet occupent les deux angles de la base, et au sommet trône le modèle, que Girard nomme le médiateur. (6) » S'il en va ainsi, c'est qu'il est fondamentalement « métaphysique » : avec lui, « c'est l'Être que *[l'homme]* désire, un Être dont il se sent privé et dont *[le médiateur]* lui semble pourvu. Le sujet attend de cet Autre qu'il lui dise ce qu'il faut désirer pour acquérir cet être » (7). Le désir a donc une « double nature » : c'est « une force orientée vers le Soi qui transforme néanmoins l'individu en "satellite d'un Autre" » (8). Tenir le désir pour spontané et linéaire, c'est n'en voir que le premier versant, et nourrir ce que Girard appelle le « mensonge romantique » : croire que la possession de l'objet désiré permettra à l'individu de combler son manque d'Être dans une autonomie totale, comme s'il suffisait de posséder l'autre pour devenir soi. En jetant la lumière sur le deuxième versant du désir, en révélant le rôle caché du médiateur, la « vérité romanesque » montre que cette quête est illusoire, puisqu'elle revient à désirer être soi-même quelqu'un d'autre.

Cette « double nature » du désir explique le phénomène contemporain qu'Illouz désigne comme la manifestation la plus révélatrice de la « fin de l'amour » : le « choix négatif », ce moment où l'individu décide de ne pas entrer, ou de ne pas rester, dans une relation amoureuse. Pour Illouz, ce refus est motivé par la volonté de préserver sa liberté pour poursuivre son épanouissement personnel : le partenaire actuel ou potentiel apparaît comme un obstacle à cette quête de soi. Tout se passe donc comme si, dans sa quête d'autonomie, l'individu prenait conscience du « mensonge romantique » et refusait de suivre un désir déterminé par l'autre. Cependant, Illouz insiste également sur le fait que ce rejet n'est que rarement absolu et permanent. Plutôt qu'une diminution du nombre de relations, elle constate une multiplication de relations brèves, inscrite dans une « dynamique de choix négatifs et positifs où liens et non-liens s'entrelacent » (9) : ce qu'elle appelle les « relations négatives ». La définition qu'elle en donne évoque un individu qui, loin de reconnaître la « vérité romanesque », est livré aux injonctions contradictoires d'une multiplicité de médiateurs cachés lui désignant des objets de désir toujours nouveaux, car jamais satisfaits : non pas « un renoncement volontaire au sexe ou à l'amour *[...]* mais plutôt la perception d'un autre absent au milieu du bourdonnement continu de la présence de multiples autres ».

Comment en est-on arrivé là ? Illouz et Girard apportent à cette question des réponses complémentaires.

Pour la première, la « fin de l'amour » est une conséquence de l'extension de la logique capitaliste à nos vies intimes : « Les rencontres sexuelles, écrit-elle, ont pris la forme d'un marché *[...]* instituant la compétition et l'accumulation sexuelles. » En effet, le propre du marché est d'être « dérégulé du point de vue des codes éthiques et moraux », c'est-à-dire qu'il détermine la « valeur » des choses non pas en fonction de normes extérieures, mais selon sa seule loi interne : la rencontre de l'offre et de la demande. Étendu aux rencontres amoureuses, il rend « plus difficile la construction et le maintien d'une valeur stable » entre des êtres qui, eux-mêmes de plus en plus « coupés de leur environnement social », deviennent des « évaluateurs purement sélectifs, tentant de discerner la valeur d'une personne dans un contexte abstrait qui a lui-même une forme marchande ».

En théorisant dans *Mensonge romantique et vérité romanesque* une évolution analogue à celle décrite par Illouz, Girard nous permet de mieux comprendre comment se joue cette logique d'évaluation et de sélection. Il s'agit, dans la dynamique du « désir triangulaire », du passage d'une « médiation externe » à une « médiation interne ». La « médiation externe » caractérise des sociétés aux hiérarchies rigides, où les individus occupent des positions bien différenciées et relativement fixes ; la « médiation interne », au contraire, « triomphe dans un univers où les différences entre les hommes s'estompent peu à peu » (10). Dans le premier cas, le « modèle » du désir est lointain, séparé de l'être désirant par des barrières sociales ou symboliques : c'est un saint, un héros. Il ne saurait donc y avoir de compétition entre lui et le sujet désirant : l'imitation tend à la vénération. Dans le monde de la « médiation interne », au contraire, rien ne distingue ni ne sépare le sujet désirant de son médiateur, sinon que celui-ci possède l'objet de son désir ; tout autant que modèle, il est donc obstacle, rival : l'imitation tend à la compétition.

Le « marché relationnel/sexuel » décrit par Illouz apparaît comme l'apogée de cette « médiation interne ». Comme sur tout marché, la valeur y fluctue en fonction de la rencontre de l'offre et de la demande. Mais sa spécificité est qu'il n'opère aucune différence entre ce qui y est offert et demandé et ceux qui offrent et demandent ; la valeur et même la définition de ces êtres y fluctuent donc tout autant, à travers les relations qu'ils sont libres de nouer ou de dénouer les uns avec les autres. Ainsi, dans ces relations, chaque individu est à la fois sujet désirant et objet désiré, médiateur et obstacle, pour lui-même et pour les autres. Aucun « modèle » fixe n'étant clairement identifiable, exprimer son désir – que ce soit en vue d'une relation ou dans le cadre de celle-ci – expose à un double risque : d'une part, celui de devenir soi-même un modèle aux yeux d'autres individus, et ainsi de susciter des désirs concurrents ; d'autre part, celui d'être dévalorisé par l'objet de son désir, dans la mesure où le désir traduit un manque d'Être. Mais le choix du célibat n'est pas moins périlleux : il peut signifier que l'on n'est l'objet du désir de personne, et donc que l'on a peu de valeur ; ou, à l'inverse, il peut signifier que l'on jouit d'une autonomie totale, d'un Être complet, ce qui suscitera mécaniquement des désirs mettant en danger cette autonomie. Dans tous les cas, l'attrait du « mensonge romantique » est grand, seul moyen de ne pas percevoir l'absurdité qu'il y a à vouloir devenir un « autre » n'ayant en fait rien de différent de « soi », ou à vouloir devenir « soi » tout en ayant besoin du désir de « l'autre ».

« En couple avec soi-même »

Qu'une dynamique commune lie « célibat » et « couple », on le devine aux listes des meilleures ventes en librairie, où figurent aujourd'hui autant de livres prônant le célibat qu'expliquant comment trouver un partenaire. En effet, cela revient au même. De ceux qui « excellent dans le célibat », de ceux qui « s'épanouissent » grâce aux « joies inattendues du célibat » (pour reprendre les titres de trois de ces livres (11)), on pourrait dire avec Girard : « Dans l'univers de la médiation interne, l'indifférence *[...]* n'est jamais pure absence de désir *[...]* mais la face extérieure d'un désir de soi-même »(12) – qui, délibérément ou non, suscite le désir des autres. L'expression « en couple avec soi-même », qui a fait fortune sur les réseaux sociaux après avoir été utilisée par l'actrice Emma Watson pour qualifier son célibat, traduit bien cette ambivalence contemporaine. Le « couple libre » vanté par Maïa Mazaurette, dont une récente étude Ifop montre qu'il concernerait de plus en plus de Français, l'exprime pleinement, jusqu'à l'ériger en nouvelle norme, dans une indécidabilité revendiquée comme positive : « Un monde de couples de Schrödinger, à la fois libres et pas libres, profitant à la fois d'un attachement sécurisant et de petites expositions au risque. »

Si chacun peut faire de cette dynamique liant « solitude » et « couple » un cercle vertueux, il convient de prendre la mesure des difficultés qu'elle pose sur le plan collectif. Elle tend en effet à nous mettre face à un dilemme : entre *Le Sacrifice et l'Envie*. Dans cet ouvrage paru en 1992, Jean-Pierre Dupuy, important continuateur de Girard, explique que le « marché » est la solution trouvée par les penseurs libéraux pour remédier aux effets néfastes de la « médiation interne » sans recourir à ce procédé antique, contraire à l'individualisme moderne, qu'est le sacrifice. Or, selon Dupuy, ces penseurs n'ont pas suffisamment pris en compte ce sentiment puissant que ressentent les « perdants » de la compétition : l'envie, « la logique des enfants qui, voyant qu'ils ne peuvent obtenir ce qu'ils désirent, préfèrent le détruire plutôt que de le laisser à leur rival » (13).

Sur le marché « relationnel/sexuel », ce dilemme prend aujourd'hui des formes extrêmes. En témoigne d'abord, du côté de l'envie, le phénomène des « incels », ces jeunes hommes unis en groupes par leur frustration sexuelle et conjugale, et leur ressentiment envers les femmes. C'est ainsi qu'en 2014, en Californie, un certain Elliot Rodger a perpétré une tuerie de masse visant explicitement les femmes qu'il accusait de le dédaigner et les hommes qu'il jalousait. Il représente maintenant pour nombre de ces « incels » un… modèle. Que certains, en réponse, en arrivent à envisager une « redistribution » des rapports sexuels (14) montre bien l'emprise du marché libéral – mais surtout ses limites, dès lors que de telles propositions suscitent généralement un rejet indigné : les individus ne veulent pas être traités comme des choses. D'où, de l'autre côté, un retour tout aussi extrême de formes « sacrificielles » antérieures au marché : c'est, par exemple, le phénomène des *tradwives*, ces jeunes femmes qui, à l'instar d'Hannah Neeleman (10 millions d'abonnés sur Instagram (15)), revendiquent la figure de la femme au foyer entièrement dévouée – « sacrifiée » – à son mari et à sa famille. Que cette idéalisation domestique puisse cacher des abus tout aussi terribles que ceux commis par les « incels », et ne saurait donc être érigée en modèle, c'est ce dont nombre de femmes ont témoigné – comme, récemment, Tia Levings, dont les mémoires, *A Well-Trained Wife*, décrivent les violences physiques et psychologiques subies dans le mariage fondamentaliste chrétien où elle fut enfermée dès ses 19 ans.

Comment donc parer aux effets néfastes de la « crise de la conjugalité » sur le plan collectif sans nourrir l'envie destructrice ni sacrifier l'individu ? Comment remédier aux déboires de la « médiation interne » tout en reconnaissant qu'ils sont le prix à payer pour une liberté et une égalité individuelles auxquelles attenterait un retour aux hiérarchies rigides de la « médiation externe » ? La réponse, selon Girard, réside dans une « justice romanesque » qui, « au-delà des psychologies pessimistes et des idolâtries romantiques », « ne se confond pas avec l'hypocrisie moralisante et le faux détachement ». Nous pouvons ensemble, avec lui, la chercher chez Stendhal, Proust, et Dostoïevski.

1. Wilfried Rault et Arnaud Régnier-Loilier, « Étudier les parcours individuels et conjugaux en France. Enjeux scientifiques et choix méthodologiques de l'enquête Épic », *Population*, vol. 74, n° 1-2, 2019.
2. Edgar Morin, « Pour une crisologie », *Communications*, n° 91, 2012.
3. Eva Illouz, *La Fin de l'amour*, Seuil, 2020, p. 22.
4. Gilles Lipovetsky, *La Troisième Femme*, Gallimard, 1997, p. 49.
5. Christine Orsini, *René Girard*, Que sais-je ?, 2018, p. 38.
6. *Idem*, p. 37.
7. René Girard, *La Violence et le sacré*, Grasset, 1972, p. 204-205.
8. René Girard, *Œdipus Unbound: Selected Writings on Rivalry and Desire*, édité par Mark R. Anspach, Stanford University Press, 2004, p. 7.
9. Eva Illouz, *La Fin de l'amour*, *op. cit.*, p. 43, 70, 29, 205.
10. René Girard, *Mensonge romantique et vérité romanesque*, Grasset, 1961, p. 29.
11. Mary Delia Allen, *Enjoy Your Solo. How to Be Great at Being Single* (2021), Phillip Richmond, *The Act of Being Single. How to Thrive in a World That Expects You to Settle Down* (2023), Catherine Gray, *The Unexpected Joy of Being Single* (2018).
12. René Girard, *Mensonge romantique et vérité romanesque*, *op. cit.*, p. 67.
13. Jean-Pierre Dupuy, *Le Sacrifice et l'Envie*, Calmann-Lévy, 1992, p. 49.
14. Rebecca Gibian, « Should There Be a Redistribution of Sex? », Insidehook, 2 mai 2018, https://www.insidehook.com/culture/should-there-be-a-redistribution-of-sex.
15. www.instagram.com/ballerinafarm.

Les Balkans, entre stagnations et révolutions

Thibault Muzergues

Faites part à des amis français (et plus généralement ouest-européens) de votre intention de partir prochainement dans les Balkans, comme cela fut régulièrement mon cas durant mes quinze années de travail pour l'International Republican Institute (1), et leurs réactions comporteront souvent les mêmes clichés, la plupart négatifs : pauvreté et sous-développement, crime organisé, violence endémique à caractère ethnique ou religieux. Tous trois semblent directement hérités des guerres de Yougoslavie, qui ont fait les manchettes des journaux dans les années quatre-vingt-dix. C'est surtout le profil exotique, « non européen », qui reste gravé dans l'inconscient collectif – une image qu'on retrouvait déjà chez Hergé dans les années trente (la Syldavie et la Bordurie du *Sceptre d'Ottokar* sont clairement décrites comme des pays des Balkans, et le roi syldave Muskar XII ressemble étrangement au souverain albanais de l'époque, Zog Ier, lui aussi victime d'une machination d'un pays voisin, l'Italie mussolinienne).

Thibault Muzergues est politologue. Dernier ouvrage publié : *Post-populisme. La nouvelle vague qui va secouer l'Occident* (L'Observatoire, 2024).

Comment un pays pourrait-il être à la fois européen et à majorité musulmane, comme c'est le cas de l'Albanie, du Kosovo et de la Bosnie ? Ce questionnement (ainsi que l'émigration massive de nombreux Albanais) alimente les peurs en Europe occidentale, voire l'opposition à l'élargissement de l'Union européenne aux Balkans. Jugés irréformables, gangrenés par la corruption et dans certains cas par des conflits ethniques ou religieux pluriséculaires, ces petits pays poseraient plus de problèmes à l'intérieur de l'Union qu'en dehors. La diplomatie française, pour sa part, a longtemps été davantage tentée par l'intégration de la Serbie, perçue comme une alliée historique, que par celle de pays en grande partie albanophones, pourtant aujourd'hui mieux placés dans la course à l'intégration européenne. Les préjugés sur les Balkans reposent sur une part de réalité. Oui, ils souffrent d'un sous-développement et d'un manque de dynamisme économique qui non seulement les affaiblissent, mais entravent aussi l'avenir de leur jeunesse, souvent tentée par l'exode en Europe occidentale. Oui, les mafias balkaniques sont extrêmement puissantes et contribuent à appauvrir ces pays, même si les Albanais sont loin d'être les seuls à se distinguer dans l'univers désormais mondialisé du crime organisé (les trafics d'armes légères, par exemple, sont le plus souvent l'apanage des réseaux serbes et monténégrins – ce sont eux qui ont armé les terroristes du 13 novembre 2015). Enfin, oui, les Balkans ont une identité propre héritée de leur histoire et de leur sujétion à l'Empire ottoman pendant près de quatre siècles. Pour autant, les Balkans ne constituent pas une région figée : ils bougent constamment, y compris dans leur géographie.

Des frontières en mouvement

Lorsqu'il s'agit des Balkans, l'entreprise la plus déroutante est peut-être de définir leurs limites géographiques. *A priori,* il n'y a pas sujet à controverses : les Balkans sont une (grande) péninsule, la troisième en Europe méditerranéenne en partant de l'ouest, après l'ibérique et l'italienne. Ils sont censés couvrir une très large zone entre les mers Adriatique et Ionienne à l'ouest, les mers Égée et Noire à l'est, et le Danube au nord (encore que certains mettent la frontière septentrionale au niveau des Carpates méridionales, ce qui impliquerait d'inclure au moins une partie de la Roumanie – voilà déjà une controverse). Étymologiquement, les Balkans désignent une chaîne de montagnes qui délimite une vaste étendue allant du sud des Alpes carniques (Slovénie) au Taygète, dans le Péloponnèse, et au Grand Balkan, en Bulgarie. Là aussi, cette définition pose problème, dans la mesure où ces Balkans englobent la Grèce, dont les habitants refusent bien souvent la qualification de peuple balkanique, préférant celle de peuple méditerranéen, même si une partie de leur culture (du folklore jusqu'à la mémoire collective) se rapproche plus des Balkans que de l'Italie, par exemple. Du point de vue grec, impossible de s'identifier à une région peuplée (littéralement) de barbares cherchant constamment à envahir et à détruire les zones hellènes de culture et de civilisation. Les *Philippiques* de Démosthène nous le rappellent, les Grecs anciens craignent autant les barbares illyriens que les Perses orientaux. Nous touchons ici au cœur du problème : le terme « Balkans » est devenu un repoussoir pour les peuples situés à leur périphérie. Si les Bosniaques ou les Albanais n'ont pas vraiment d'autre choix que de se qualifier eux-mêmes de balkaniques (et d'en tirer fierté), ce n'est pas le cas d'autres peuples de la région. Aujourd'hui, les Grecs se voient plutôt comme un rempart de l'Occident face à une zone instable et problématique, en témoignent les controverses autour de la Macédoine du Nord. Les Bulgares, dont le cœur original de la nation, telle qu'elle a été réinventée au XIXe siècle, se situe à Ohrid, dans cette même Macédoine du Nord (donc en plein centre des Balkans), jouent sur leur spécificité en se définissant comme peuple des « Balkans orientaux ». Quant aux Croates et aux Slovènes, ils rejettent totalement l'appellation « balkanique », considérée comme une insulte – et ce malgré la proximité linguistique avec d'autres langues slaves de pays du sud (Monténégro, Serbie et Bosnie, notamment). Ces derniers leur rendent bien en rappelant à ces Slaves de l'Union européenne leur statut de subordonnés dans l'Empire austro-hongrois (duquel ils ont longtemps été sujets) : pour ces « Bosniaques », les Croates et surtout les Slovènes ne sont rien d'autre que des « métayers des Autrichiens ». Vus sous cet angle, les Balkans semblent être une malédiction, dont les autres pays voudraient se tenir à l'écart. L'unique exception est peut-être au nord, où la Hongrie de Viktor Orbán, ruinée par la crise de 2008 puis victime de la mauvaise gouvernance (et la corruption) qui règne à Budapest, oriente de plus en plus sa politique étrangère vers les Balkans, et notamment vers la Serbie, dans une sorte d'alliance des pays revanchards, grands vaincus dans les batailles du XXe siècle. L'étiquette « Balkans » sert de repoussoir autant que d'aimant, et ce phénomène a une incidence sur les dynamiques internes de la région.

Riviera albanaise

Se revendiquer ou non des Balkans n'est pas en soi un facteur de réussite, même si pour Croates et Slovènes, le retour à l'Europe centrale est bien vu comme la libération d'un joug néfaste pour la prospérité nationale. Le plus frappant dans l'évolution des Balkans est l'inversion des rôles en cours. Il fut un temps où (au moins à l'est) on s'arrachait les jeans « *made in Yugoslavia* » et où la Bulgarie était considérée comme plus avancée que ses voisins – tandis que, dans le même temps, les Albanais étaient jugés peu instruits, pauvres et refermés sur eux-mêmes. L'Albanie, dirigée par un dictateur maoïste sanguinaire, dépecée au moment des indépendances d'une partie des territoires où l'on parlait albanais, était la grande perdante de l'éclatement de l'Empire ottoman. Cela se ressentait autant dans la dictature d'Enver Hoxha que dans le traitement des Albanais au sein d'autres pays de la région – des minorités à problèmes, dans les républiques yougoslaves (Serbie, Macédoine), voire des tribus hellènes perdues en Épire (de rite orthodoxe) mais parlant la mauvaise langue, et appelées à être totalement assimilées en Grèce. Aujourd'hui, ces mêmes Albanais figurent parmi les peuples les plus dynamiques de la zone, avec des taux de croissance élevés, des taux de natalité qui permettent (en partie) de compenser la saignée démographique provoquée par l'émigration de masse, et un esprit entrepreneurial qui saute aux yeux à Tirana ou à Pristina. Ce dynamisme et cette attention portée aux infrastructures « utiles » (routes, logements, etc.) contrastent avec la stagnation de la Macédoine du Nord et de la Bosnie, dont les données politiques, humaines et économiques sont restées en partie bloquées aux années deux mille. Non que ces deux pays ne souffrent pas des mêmes maux que l'Albanie, la Serbie ou le Kosovo (corruption, émigration massive, etc.), mais ces maux y sont aggravés par les fractures politiques de nature ethnique qui les rongent depuis l'éclatement de la Yougoslavie. Le gel de ces conflits à la fin des années quatre-vingt-dix et au début des années deux mille a certes mis fin à un bain de sang, mais sur le fond, il n'a rien réglé. On assiste depuis à une véritable libanisation des classes politiques bosnienne et macédonienne, marquée par un pillage en règle de l'État et un clientélisme exacerbé par l'ethnicisation des institutions. Comme au Liban, la moindre réforme du système est difficilement envisageable, tant chaque partie risque gros à renégocier des accords aujourd'hui de plus en plus fragiles – dans les deux cas, le prix à payer d'un changement des règles pourrait être celui d'un nouvel embrasement. Aux Balkans comme ailleurs, les sociétés qui s'étaient imaginées multiculturelles font souvent les frais de la nouvelle donne mondiale, alors que les États au clair avec la définition de leur identité nationale s'en sortent mieux. Les Albanais tirent en outre leur épingle du jeu en misant sur leurs relations avec la diaspora et l'ouverture du pays aux investissements, notamment touristiques : cet été encore, pour des millions de Grecs et d'Italiens, la Riviera albanaise (entre Saranda, en face de Corfou, et Vlorë, un peu plus au nord) sera *the place to be* pour bronzer sur la plage. La transformation d'une côte interdite il y a un demi-siècle à tout étranger en un pôle balnéaire et touristique montre bien que, même lorsqu'il s'agit des Balkans, il n'y a pas de fatalité.

Un modèle pour un islam européen ?

Mais n'idéalisons pas trop le cas albanais. Le pays possède encore bien des tares, en particulier l'emprise des mafias sur l'économie et le système politique, que de nouvelles institutions (le Spak) ou personnalités politiques comme Agron Shehaj tentent de combattre. Un domaine toutefois pourrait sinon nous inspirer, à tout le moins nous interroger : celui de la religion.

Les Albanais sont un peuple à majorité musulmane. Le fait est visible facilement dans les rues de Pristina, capitale du Kosovo, ou dans les villages majoritairement albanais en Macédoine du Nord (ou l'islam est devenu un marqueur identitaire), mais on a peine à le sentir à Tirana, où églises orthodoxes et catholiques côtoient les mosquées, et où l'immense majorité des femmes s'habillent à l'occidentale. L'Albanie a même son propre islam, le bektashisme, une variante modérée du soufisme qui tolère la consommation d'alcool et surtout accepte les autres religions. S'il est un islam d'Europe, encore très peu influencé par les modèles venus de la péninsule arabique, c'est bien celui-là, même si beaucoup de musulmans bosniaques, par exemple, ne disent pas non à un verre de rakija, rappelant qu'ils sont eux aussi des « musulmans européens » – peut-être parce que Bosniaques comme albanophones ont été (et se sont sentis) européens avant de devenir musulmans. Cet état de fait séculaire en Albanie ne date pas du communisme, mais plutôt de l'indépendance. En effet, le bassin de population des Albanais se situe exactement aux confins des zones d'influence de trois religions : catholique au nord, musulmane au centre et à l'est, héritage de l'Empire ottoman, et orthodoxe grecque au sud. S'ils se définissaient en fonction de leurs convictions religieuses, malgré un langage commun (comme le font, à bien des manières, les ex-Yougoslaves), les Albanais seraient divisés comme jamais. Au lieu de cela, ils ont choisi, dans un très lent processus semé d'embûches, de construire l'identité nationale sur un socle culturel et linguistique partagé. Dans un contexte où la religion apporte désunion et conflits, les Albanais d'Albanie ont opté pour une sécularisation stricte, faisant de la culture et de la langue des instruments de cohésion. Cette Albanie-là, probablement la mieux placée de tous les pays de la région pour rejoindre l'Union européenne, mériterait d'être une meilleure amie de la France qu'elle ne l'est aujourd'hui. D'abord parce que de nombreux dirigeants, du Premier ministre actuel, Edi Rama, à l'opposant numéro 1 (chef de file emblématique de la droite albanaise), Sali Berisha, parlent couramment le français, à l'instar de la figure historique de la renaissance albanophone et père de la nation kosovare, Ibrahim Rugova, diplômé de la Sorbonne. Ensuite parce que l'Albanie, à l'image de la Serbie, se trouve dans une région trop instable et trop proche pour que nous puissions nous en désintéresser. Pourtant, les Albanais ont mauvaise presse dans l'Hexagone – à cause des exactions de la mafia albanaise, mais aussi de préjugés alimentés par nos « alliés historiques » serbes, pour qui cette petite nation, qu'ils ont morcelée tout au long du XXe siècle, est leur ennemi héréditaire.

1. L'International Republican Institute, créé dans les années quatre-vingt par l'administration Reagan et pensé comme un outil de promotion de la démocratie dans le monde, a concentré l'essentiel de ses activités « Europe » sur cette région. En tant que directeur de ce pôle, je m'y suis régulièrement rendu entre 2009 et 2025.

CRITIQUES

Livres
Cercas ou la foi en la littérature
Christian Authier

Les premières lignes du nouveau livre de Javier Cercas (publié en Espagne le 1er avril dernier, trois semaines avant la disparition du pape François) en résument parfaitement le propos et la motivation : « Je suis athée. Je suis anticlérical. Je suis un laïc militant, un rationaliste obstiné, un impie rigoureux. Et pourtant je me trouve ici, dans un avion à destination de la Mongolie en compagnie du vieux vicaire du Christ sur la terre, m'apprêtant à l'interroger sur la résurrection de la chair et la vie éternelle. C'est pourquoi je suis monté dans cet avion : pour demander au pape François si ma mère verrait mon père après sa mort, et pour transmettre sa réponse à ma mère. Voilà donc un fou sans Dieu poursuivant le fou de Dieu jusqu'au bout du monde. » De ce point de départ, l'écrivain espagnol va donner naissance, avec *Le Fou de Dieu au bout du monde* (1), à une œuvre hybride entre le récit, l'essai, l'autobiographie et la biographie dans une veine assez proche de son magistral *Anatomie d'un instant* (2).

On laissera les lecteurs découvrir les circonstances très romanesques ayant conduit Javier Cercas à être invité par le Vatican à suivre le voyage apostolique du pape François en Mongolie en août-septembre 2023. Avant cet épisode mongol, l'auteur des *Soldats de Salamine* (3) signe notamment un portrait tout en nuances et clairs-obscurs de celui qui a été le 266e souverain pontife de l'Église catholique, le premier pape latino-américain et le premier pape jésuite. Selon François, dont le premier déplacement eut lieu sur l'île de Lampedusa, où échouaient des milliers de migrants, l'Église devait « aller vers les périphéries, non seulement géographiques, mais aussi celles de l'existence, celles du mystère du péché, de la douleur, de l'injustice, celles de l'ignorance et de l'absence de foi, celles de la pensée, celles de toutes les formes de misère ». Et l'on comprend que la notion de « périphéries », de zones grises, de mystère du péché ne pouvait que séduire le romancier ayant écrit sur nombre de personnages réels – du responsable phalangiste Rafael Sánchez Mazas au président du gouvernement d'Espagne Adolfo Suárez en passant par le syndicaliste mythomane Enric Marco – qui avaient précisément évolué aux confins de territoires peu communs.

Le Fou de Dieu au bout du monde relève donc pour une part de l'enquête. Qui était Jorge Mario Bergoglio, né en 1936 à Buenos Aires ? D'abord, « un grand pécheur », si l'on se fie aux premiers mots qu'il prononça après qu'il fut nommé pape. Faussement candide, à la manière de l'inspecteur Columbo, Cercas interroge des proches de François considéré par certains comme un progressiste, un conservateur, un réformiste, un révolutionnaire, un anticlérical. Tour à tour ou en même temps, c'est un homme dur, orgueilleux, ambitieux, humble, bienveillant, doux qui apparaît entre les lignes. Quels sont ses masques et ses secrets ? Congédiant l'hagiographie, l'écrivain relève ses maladresses, ses erreurs, ses fautes. Pour autant, il concède ne pas dégager « une image nette et univoque du personnage, mais un dessin ambivalent, polyédrique, insaisissable, avec un fond parfois trouble ». Cette ambiguïté participe à la richesse et à la subtilité d'un livre qui réussit à maintenir une tension au-delà du vrai-faux suspense entretenu par Cercas, car le tête-à-tête espéré avec le pape aura bien lieu et la réponse de ce dernier sur la foi dans le miracle de la vie éternelle et la résurrection de la chair, consubstantielle au christianisme, ne fait guère de doute…

L'intérêt est ailleurs, par exemple dans les chapitres étonnants consacrés au voyage en Mongolie, pays bouddhiste abritant mille cinq cents catholiques pour un peu plus de trois millions d'habitants, avec des portraits saisissants de missionnaires, parmi lesquels une sœur kényane. Choses vues, conversations théologiques et spirituelles, portraits se mêlent sur près de cinq cents pages pleines de tours et de détours, virtuoses, drôles, profondes, émouvantes. Dans *Anatomie d'un instant*, derrière la dissection de la tentative de coup d'État du 23 février 1981 en Espagne et le tableau d'un pays hanté par les fantômes de la guerre civile de 1936, Cercas livrait aussi la lettre d'un fils à son père. Ici, c'est à sa mère, alors âgée de 92 ans et atteinte de la maladie d'Alzheimer, qu'il s'adresse. Devenu écrivain parce qu'il avait perdu la foi, ayant trouvé dans la littérature « une défense contre les offenses de la vie », le « fou sans Dieu » lui rapporte les paroles du Saint-Père peu avant qu'elle ne rejoigne son défunt mari. Ce roman sans fiction, mais où l'imagination et le domaine du possible apportent un souffle rare, s'achève avec un épilogue aussi surprenant que poignant. Voici un livre qui plaira autant à ceux qui croient au Ciel qu'à ceux qui n'y croient pas.

1. Javier Cercas, *Le Fou de Dieu au bout du monde*, Actes Sud, 2025.
2. Javier Cercas, *Anatomie d'un instant*, Actes Sud, 2010.
3. Javier Cercas, *Les Soldats de Salamine*, Actes Sud, 2002.

Livres

Faire nation, une histoire française

Jean-François Figeac

Spécialiste du XIXe siècle, soit de l'apogée des États-nations, Éric Anceau (1) était particulièrement habilité à traiter cet épineux sujet capturé par deux récits idéologiques opposés. Le premier cherche à réhabiliter le « roman national » en le mâtinant d'une vision identitaire de la société, lorsque le second, d'inspiration « wokiste », considère qu'il n'y aurait de réalité de la nation française que dans les apports humains et culturels venus d'ailleurs, de préférence des mondes extra-européens. Ce clivage reprend – en l'idéologisant – le débat né des écrits des constructivistes des dernières décennies du XXe siècle, comme Benedict Anderson, pour lequel la nation n'était rien d'autre qu'une entité mythique et fictionnelle (2).

La nation est de plus en plus difficilement étudiée indépendamment du voile idéologique qui la recouvre, ce qui transforme son historiographie en sujet d'histoire à part entière. Ce livre permet de remettre de la science dans un sujet en proie à toutes les téléologies et les réductionnismes. Au croisement de l'histoire politique et de l'histoire culturelle, Éric Anceau montre comment la nation française, pour construction politique qu'elle soit, n'en demeure pas moins une réalité de plus en plus partagée par une communauté politique tendant à s'élargir au cours des siècles.

À partir de là, savoir quand naît la France n'est pas son propos, en revanche, élucider comment s'est construit le « mythe des origines » devient un objet d'intérêt majeur. Les racines de la nation française

revêtent un enjeu politique capital, et ce dès l'Ancien Régime, notamment dans le cadre du débat entre les origines franques aristocratiques ou gauloises populaires. En cela, Patrick Boucheron, en cherchant à identifier des origines venues d'ailleurs dans son *Histoire mondiale de la France,* ne fait que poursuivre une longue tradition…

Sur la longue durée, ces mythes historiographiques contribuent à élaborer une unité de la nation française, laquelle n'était pas évidente au Moyen Âge. Comme l'a montré Thierry Dutour dans un essai stimulant, on pouvait davantage se sentir français dans l'Angleterre des Plantagenêts ou dans la Chypre des Lusignan que dans les villes alsaciennes du Saint-Empire (3). L'apport de la monarchie capétienne est précisément d'avoir tenté de donner une unité et une continuité territoriale au domaine royal, sans y parvenir tout à fait. La nation française se construit par l'État, lequel crée l'impôt pour les armées (instauration de la taille en 1439) et impose le français pour les actes administratifs (ordonnance de Villers-Cotterêts en 1539).

Ce processus s'accentue au cours de la Révolution et du XIXe siècle, considéré par l'historien comme l'âge de « l'épanouissement national ». De fait, la conscience nationale n'a jamais été aussi forte. Son accélération s'explique par le volontarisme politique de l'État, comme le montrent les progrès de la conscription ou encore la continuité de la politique scolaire, de la loi Guizot (1833) aux lois Ferry (1881-1882). Cependant, elle se comprend aussi par les évolutions de la vie sociale : le développement des chemins de fer et des routes favorise ainsi les mobilités à l'échelle nationale.

Cependant, ce processus d'intégration nationale n'est ni uniforme ni exclusif. Il peut s'articuler à la reviviscence d'identités régionales dans le cadre de ce que Jean-François Chanet a appelé les « petites patries ». Surtout, il comporte des contradictions, excluant par exemple les femmes du droit de vote jusqu'en 1944, ou se heurtant à la réalité de sociétés coloniales ségrégées dans les faits, à défaut de l'être dans le droit.

De plus, si la nation française est assez solide pour survivre à deux guerres et une occupation, elle doit faire face à un certain nombre de défis depuis la fin des années quatre-vingt-dix, où des « troubles dans la nation » marquent une remise en cause inédite de l'édifice unificateur et pluriséculaire. Ce phénomène est d'abord dû à un affaiblissement de l'État central et à une redéfinition de la souveraineté, plus souvent envisagée à l'échelle européenne qu'hexagonale. Or, comme le souligne Éric Anceau, ces évolutions sont problématiques car la nation s'est précisément construite sur l'État et sur le contrat social. À cela s'ajoute l'arrivée de contre-discours (régionaliste, religieux, postcolonial) qui contribuent à remettre en cause la légitimité du sentiment national français. Les dernières pages du livre, bien que faisant le constat difficilement contestable d'un « archipel français », s'achèvent sur une note d'optimisme. Les scènes de liesse patriotiques des derniers Jeux olympiques ont montré que les Français avaient encore l'envie de faire nation. Ce sentiment fraternel doit se concrétiser sur le plan politique, l'auteur énonçant de multiples solutions allant de l'usage plus fréquent du référendum à la création d'un parlement spécifique représentant la France dans sa diversité.

Ce livre n'est donc pas uniquement une synthèse historique réussie : c'est un véritable essai sur la France et les Français, mêlant références philosophiques, géographiques, démographiques ou de sciences politiques. Il correspond à la maturité intellectuelle d'un grand historien qui incarne ce que l'université française a de meilleur.

1. Éric Anceau, *Histoire de la nation française*, Tallandier, 2025.
2. Benedict Anderson, *L'Imaginaire national. Réflexions sur l'origine et l'essor du nationalisme*, La Découverte, 1996.
3. Thierry Dutour, *La France hors la France. L'identité avant la nation*, Vendémiaire, 2022.

Livres
Qu'est-ce que la *sprezzatura* ?
Michel Delon

Quand on marche dans la Grande Galerie du Louvre, consacrée à la peinture italienne, on est frappé par un regard, par les yeux bleus d'un homme qui nous fixe. C'est Baldassare Castiglione, peint par Raphaël, dans les années 1510. Le tableau a été conservé dans la famille du duc d'Urbino, puis acheté par Mazarin et légué à Louis XIV.

Baldassare Castiglione est l'auteur d'*Il libro del cortegiano*, *Le Livre du courtisan*, publié pour la première fois en 1528, régulièrement réédité au cours du siècle et traduit dans la plupart des langues européennes. Durant quatre soirées, dans une des salles du palais d'Urbino, de hauts personnages débattent des qualités requises par la vie à la cour. L'Antiquité avait défini l'orateur, homme de culture et d'action qui sait prendre la parole et emporter l'adhésion du public ; le Moyen Âge avait caractérisé le chevalier par son courage, sa loyauté et sa courtoisie ; la Renaissance italienne s'intéresse aux mérites de ceux qui vont entourer et illustrer un prince. Pour s'imposer à ses pairs et attirer la faveur du premier d'entre eux, l'homme de cour doit soigner son apparence et se montrer séduisant. Les interlocuteurs ont alors besoin d'un mot nouveau pour préciser cette amabilité : il doit « faire preuve en toute chose d'une certaine *sprezzatura*, qui cache l'art et qui montre que ce que l'on a fait est venu sans peine et presque sans y penser ». Le néologisme est dérivé du verbe *sprezzare*, « mépriser, dédaigner ». Les traducteurs ont été gênés pour transposer le mot en français, ils ont proposé « mépris » et « nonchalance », « dédain », « négligence » ou encore, plus récemment, « insouciance » ou « désinvolture ».

Roderick-Pascal Waters consacre tout un essai à cerner cette notion qui ne peut se fixer en un concept et qu'il inscrit dans une série de perspectives historiques (1). Théologiquement, la *sprezzatura* s'apparente à la grâce et rend compte du glissement du religieux à l'esthétique. Si l'être humain, marqué par le péché originel, est tiré à hue et à dia par des désirs contradictoires, ses efforts sont voués à l'échec sans l'aide divine. Tel est l'enjeu de la querelle entre Pélage et Augustin, renouvelée entre jansénistes et molinistes. Seul le soutien divin réconcilierait la chair et l'esprit et promettrait à l'élu une improvisation heureuse. La grâce devient le propre de l'œuvre d'art qui se joue des préceptes et plaît d'emblée. Les traités anciens de rhétorique et de poétique énuméraient les règles à respecter, mais laissaient une marge dans tous les codes pour celui qui savait les transgresser avec bonheur. Le classicisme français s'est approprié cette tradition, accordant une exemption au génie. Boileau concède qu'« un beau désordre » peut être « un effet de l'art ». Le père Rapin admire celui qui n'épuise pas son sujet et laisse rêver son lecteur, mais c'est le père Bouhours qui, au cours des *Entretiens d'Ariste et d'Eugène*, repère dans la vie sociale comme dans la création artistique quelque chose « d'incompréhensible et d'inexplicable »: le « je-ne-sais-quoi ». Il y a là l'ébauche d'une *sprezzatura* à la française, et lorsque Amelot de La Houssaie adapte en français l'espagnol Gracián, il traduit *el despejo en todo*, « l'aisance en toute chose », par « le je-ne-sais-quoi », que les tirets transforment en une catégorie. Preuve, si besoin était, d'une véritable culture européenne qui se conjugue dans les différentes langues.

La différence entre la cour d'Urbino et celles de Paris ou de Madrid est sans doute l'écart entre de petites principautés où le pouvoir reste à la merci d'un mouvement de troupes et les grandes monarchies appuyées par une armée puissante. Le prince italien et ses courtisans doivent jouer d'une séduction, d'un *soft power*. Tandis que les grandes monarchies théorisent le droit divin, ils entendent profiter d'une grâce qui dérive du divin au social. Les nobles sont en quelque sorte asservis à Versailles, ils cultivent les belles manières à Urbino et se pensent comme conseillers du prince. Roderick-Pascal Waters suggère une sociologie de la *sprezzatura* qui ne se réduit pas à une distinction à la Bourdieu. Alors que l'aisance de ceux qui sont nés dans les milieux favorisés constituerait un plafond de verre pour les transfuges de classe, il y aurait chez Castiglione l'éloge d'une noblesse humaniste qui n'est pas réductible à la seule naissance. Il explicite le pouvoir social comme Machiavel propose un précis de technique du pouvoir politique. À l'heure des réseaux sociaux et des *selfies*, la réflexion sur l'image de soi du courtisan ne peut nous être indifférente et, lorsque l'intelligence artificielle menace de remplacer la logique par l'algèbre, la méditation sur la grâce qui nimbe l'émotion amoureuse ou la séduction artistique nous concerne directement. La *sprezzatura*, c'est le halo d'incertitude qui entoure l'humain, irréductible aux statistiques, aux équations et aux simples rapports de force.

1. Roderick-Pascal Waters, *La « Sprezzatura ». De l'excellence à la grâce*, Les Belles Lettres, 2025.

Livres

Le temps perdu ne se rattrape plus

Stéphane Guégan

Fort d'une quinzaine de romans et d'un humour impayable, le catalogue de Jonathan Coe varie moins son cadre que ses sujets et ses cheminements narratifs. L'Angleterre du dernier demi-siècle reste le terrain d'élection de ce natif des environs de Birmingham, formé à Cambridge à l'heure où Margaret Thatcher, de la main que l'on sait, se saisit des clefs du 10 Downing Street et proclame vouloir rendre le pays « *great again* ». Comme le rappelle l'un des héros cryptiques des *Preuves de mon innocence* (1), l'horizon soudain sembla s'assombrir. La vague punk connaissait ses derniers ressacs, un nouvel ordre moral, un rien victorien, s'installait, le néolibéralisme, stimulé par les élections américaines, enflammait la City et une part de la jeunesse universitaire (2). Au « *no future* » de l'époque qui s'éloignait – un « *no future* » qui n'avait de nihiliste que le visage – se substituait l'eldorado putatif de l'opportunisme économique, fondé, à grands cris, sur l'initiative personnelle et un sérieux darwinisme social. Bien évidemment, notre monde délabré, anxiogène, et d'autant plus suicidaire qu'il se gave d'une technologie supposée le sauver, n'est pas simplement le fait de l'éternel clivage politique propre à l'âge révolu des partis. Coe n'a pas la naïveté d'attribuer au néoconservatisme de son pays, et à la vague qui l'a mené inexorablement au Brexit, l'ensemble des maux qu'il décrit avec une constance cocasse et roborative. La faillite générale de l'ère actuelle, lit-on entre les lignes, a de nombreuses causes (3). Elle appelle, en conséquence, des remèdes supérieurs à la simple alternance des gouvernements, ou aux colmatages électoralistes. Du reste, la satire, qui a fait de Coe le Dickens de la postmodernité, ne surmonte pas toujours une nostalgie grandissante, elle nous ramène à deux admirables défenseurs du « petit pays », George Eliot et D. H. Lawrence. Malgré une durée d'existence moindre, hommes et femmes ne vivaient-ils pas mieux dans les années cinquante ? Coe le laisse parfois penser. *Expo 58*, son meilleur roman, ne datait-il pas le seuil de l'emballement du moderne sur les ailes de l'énergie nucléaire (4) ?

Que l'un des protagonistes de sa dernière fiction réponde au nom de Swann et que le temps à retrouver, plus que le mystère à élucider, en soit le principe de gravité, il n'est là rien pour étonner. On ne voit pas pourquoi un polar devrait s'interdire de jouer avec le genre dont il relève, et se refuser de faire passer la victime après les révélations propres à chaque piste de l'enquête policière, même quand elles semblent s'en écarter… En somme, Coe s'amuse et digresse à plaisir, comme s'il écrivait sans savoir encore qui a tué et pourquoi. Car, qu'on se rassure, le sang a bien coulé et le défunt avait toutes les raisons de penser que sa dernière minute était imminente… Encadré par un prologue et un épilogue, le second ne cherchant pas expliciter le premier, *Les Preuves de mon innocence* déroule trois actes, hétérogènes par leur temporalité et leur mode d'écriture. Coe adore changer brusquement de mode d'énonciation et de ton. En vrai romancier, il se laisse guider par ses personnages, que la truculence, le goût de vivre ou la dépression post-adolescente les anime. Le crime est justement confié à une inspectrice dont rien ne peut troubler, en tous sens, les appétits et l'aplomb. Cheveux blancs au brillant tapageur, vêtements sombres en parfait contrepoint, Prudence Freeborne, à deux doigts de la retraite, ne crache pas sur une ultime énigme. Après un début fracassant, sorte de pré-générique, qui nous ferait presque assister à l'arrestation du suspect dans un train bondé de la banlieue londonienne, au son des messages de sécurité qui maltraitent la langue de peur d'offenser les usagers, le récit nous introduit auprès d'un couple, Joana et Andrew. Deux intellectuels, en apparence sans histoires.

Leur fille, Phyllis, vient de quitter la vie d'étudiante pour la vie réelle, petits métiers et spectacle désolant d'une société atomisée, addicte au confort illusoire des téléphones et des séries américaines. Phyl préfère les vieux épisodes de *Friends*, bulle pré-adulte d'un monde sans conflits majeurs, à la bibliothèque de son père, un gros lecteur, lui. Mais, à 20 ans, on a encore l'énergie et la volonté de diriger son propre destin. Vendre des sushis et s'étourdir de sous-culture, en ce début de septembre 2022, n'ont pas tué en Phyl le désir de parler à la première personne du temps présent. Heureuse coïncidence, un des grands amis de sa mère s'annonce, un ancien de Cambridge, un journaliste de gauche, qui tient un blog incendiaire. On a reconnu Christopher Swann, la soixantaine fringante et contestataire. Lui et sa femme, une Américaine, ont adopté une jeune Éthiopienne, Rashida, de même âge que Phyl. On apprendra que Rash n'est pas travaillée par les hommes et que la sensation même du contact physique ou du mélange des fluides lui répugne. Bien entendu, elle suit des cours de management, c'est plus propre. Des managers et du poisson froid en guise d'humanité, Swann se promet d'en croiser lors du congrès des néoconservateurs auquel il s'est inscrit en observateur observé. Une demeure palladienne bordée d'un parc et d'un lac, qui dit mieux ? Agatha Christie n'aurait pas détesté, et Coe, en la saluant, y loge la scène du meurtre. Au préalable, deux événements ont ébranlé orateurs et auditoire. L'un les met en joie, la nomination de Liz Truss au poste de *Prime Minister* ; l'autre les accable, le décès de la reine Élisabeth II. Les déchirures d'antan se réveillent, et Swann se heurte à deux anciens de Cambridge, deux ultras du libéralisme sauvage. Sont-ce les meurtriers de l'incorrigible Christopher ? Ou faut-il, avec Phyl et Rash, qui accaparent la parole dans la troisième partie, se tourner vers le milieu littéraire des années quatre-vingt ? En anglais, on use du même mot pour désigner les preuves de son innocence et les épreuves d'un livre. Celui de Coe tire de cette identité tout un entrelacs de subtiles harmoniques. On appelle ça une filature.

1. Jonathan Coe, *Les Preuves de mon innocence*, Gallimard, 2025.
2. Sur la scène punk, telle que Coe l'embarque dans sa radiographie de la jeunesse des années soixante-dix, voir *The Rotters' Club* (2001), dont le titre français édulcore le sens (*Bienvenue au club*, traduit par Jamila et Serge Chauvin, Gallimard, 2002).
3. Qu'on pense au règne de Tony Blair et, entre autres, à la fragmentation communautariste accrue de la société anglaise.
4. Voir ma recension (https://moderne.video.blog/2015/08/27/des-poches-sous-les-yeux/).

Livres
La douceur impitoyable de David Win
Frédéric Verger

Le dernier roman d'Alan Hollinghurst, *Nos soirées* (1), constitue un renouvellement dans l'une des œuvres les plus remarquables de notre époque.

Il se présente comme le récit à la première personne d'épisodes dans la vie de David Win, de son enfance dans les années soixante jusqu'à sa vieillesse dans l'Angleterre de l'après-Brexit et du populisme montant. David, à moitié birman, ne connaîtra jamais son père ni la Birmanie. Élevé par sa mère, une couturière, dans une petite ville provinciale, son intelligence et sa sensibilité lui permettent d'entrer, grâce à la générosité d'un couple de riches mécènes, les Hadlows, dans une école privée puis à Oxford. Le goût et le talent de David pour le théâtre lui font renoncer au dernier moment à l'examen final. La seconde partie du texte évoque sa carrière d'acteur reconnu (même s'il ne devient jamais une vedette de tout premier plan), l'évolution historique des différentes formes, naïves, cruelles, grossières ou subtiles, de mépris que peuvent provoquer son origine ou son homosexualité ainsi que la suite de ses rapports intermittents avec les Hadlows et surtout avec leur fils, Giles, qui devient, au désespoir de ses parents, un politicien conservateur démagogue et brexiteur.

On voit dans ce résumé tous les thèmes contemporains qui auraient pu faire du roman une entreprise un peu lourdement didactique et morale passant en revue des thèmes « à la mode ». Or, tout au contraire, *Nos soirées* est d'une beauté délicate, puissante, d'une ironie légère mais impitoyable ; et des motifs, qu'on pourrait croire obligés ou convenus, y sont traités avec une fraîcheur d'émotion, une profondeur psychologique et sensible qui donnent au lecteur l'impression qu'ils n'ont jamais été abordés.

Les lecteurs de Hollinghurst ne doivent pas s'attendre à retrouver la construction narrative et théâtrale de ces grandes fresques qu'étaient *La Ligne de beauté* ou *L'Enfant de l'étranger*. Rien de moins dramatique que l'architecture de ce récit dont le théâtre est l'un des motifs, plutôt une suite de vignettes, de scènes d'une existence où apparaissent et disparaissent des personnages avec l'arbitraire du rêve ou de la vraie vie, un arbitraire lui-même source de poésie et de mélancolie. Les critiques anglo-saxons, tout en louant l'élégance du livre, ont souvent regretté que le héros-narrateur n'ait pas une personnalité aussi abrasive ou énergique que d'autres héros de Hollinghurst. Mais c'est justement la discrétion, la délicatesse, la distance du narrateur qui sont à l'origine du charme et de la tonalité particulière de l'œuvre. Plutôt qu'une intrigue, c'est l'éducation d'un regard, d'une sensibilité qui constitue le sujet et le fil directeur de ces réminiscences. Faire un roman comme une suite de scènes où prennent vie personnages, maisons, paysages, et que ces évocations, lyriques, élégiaques ou comiques, tracent le mouvement déchirant d'une existence, voilà du grand art, un art de l'économie qui se passe de tout ce que le culte de l'intrigue et de l'aspiration narrative peut avoir de conventionnel. Hollinghurst a réussi dans ce roman ce qu'il cherche depuis longtemps : une qualité poétique de la narration, non pas une prose poétique, mais un récit où tous les éléments, même les plus simples, ont leur propre splendeur et se rattachent au dessein général. Jamais non plus il n'a accordé tant de place à l'évocation de la vie ordinaire : celle des gestes, des lieux de la classe moyenne provinciale tient autant de place que celle du monde du théâtre ou des « super-riches ». Il y a quelque chose de l'art d'Updike dans ce projet de faire apparaître la beauté et le tragique de la vie dans les conditions les plus ordinaires. Jamais, non plus, Hollinghurst, grand amateur d'architecture, n'a dépeint dans un roman tant de maisons ou d'appartements divers, chacun avec leur charme et leur tristesse particuliers, indépendants de leur beauté ou leur laideur.

Dire que la cohérence et la grâce du roman relève du regard, de la curiosité, de la lucidité, de l'imagination de David, c'est dire qu'elles tiennent au style de Hollinghurst. Il tient, tout au long des phrases dont aucune n'est utilitaire, à ces éclairs d'intuition psychologique, d'impression qui révèlent sans cesse tout le mystère et la richesse de la vie. Avidité perpétuelle de voir, de comprendre, de sentir ces correspondances entre des attitudes, des sensations, qui transforment la vie de David en une sorte d'odyssée du mystère de vivre et constituent peut-être le sujet essentiel de tous les romans de Hollinghurst. L'élégance et la concentration de la phrase, la délicatesse de touche, source paradoxale de force et de profondeur, l'évidence et l'harmonie dans l'expression de la complexité contradictoire des sentiments ou des caractères. En ce sens, le motif du théâtre renvoie à celui de la puissance vitale du langage puisque le talent et l'évolution de l'acteur David sont toujours liés à la parole, à son pouvoir de donner la vie, comme dans la scène mémorable où, récitant un poème lors d'un concert gâché par le départ du ministre des Arts en hélicoptère, sa voix semble, cherchant la vérité de l'émotion, lutter contre la barbarie.

1. Alan Hollinghurst, *Nos soirées*, traduit par David Fauquemberg, Albin Michel, 2025.

Films

Le cinéma iranien, témoin courageux de la vie sous les mollahs

Richard Millet

Avec le cinéma turc, le cinéma iranien est le plus intéressant du monde musulman, bien qu'il connaisse de grandes difficultés à exister sous la dictature théocratique des mollahs, notamment pour sa Nouvelle Vague : Abbas Kiarostami (1940-2016) en était le pape – on n'a pas oublié *Le Goût de la cerise*, Palme d'or à Cannes en 1997. En témoignent aussi les films d'Asghar Farhadi, qui sondent la société iranienne, comme dans *Une séparation* (2011) et *Le Client* (2016), et bien sûr la récente Palme d'or décernée à Jafar Panahi – on se rappelle *Taxi Téhéran* (2015) –, mais dont je n'ai hélas pu voir le film couronné : *Un simple accident.*

Les Graines du figuier sauvage, de Mohammad Rasoulof, avait, lui, obtenu le prix spécial du jury sur la Croisette en 2024. Le film évoque le destin d'une famille de la classe moyenne qui bascule lorsque le père, Iman (Missagh Zareh), un honnête juriste, est nommé enquêteur au tribunal révolutionnaire de Téhéran ; promotion sociale à double tranchant : si elle fait vivre la famille dans un cadre meilleur, elle oblige le père à posséder un pistolet, qu'il garde dans sa table de nuit. Iman découvre que sa tâche consiste à signer, sans trop y regarder, les ordres d'exécutions capitales exigées par le procureur. Sa pieuse épouse, Najmeh (Soheila Golestani), l'épaule et veille à l'avenir de leurs deux filles, Rezvan (Mahsa Rostami) et Sana (Setareh Maleki). Celles-ci veulent vivre en filles modernes et passent beaucoup de temps sur les réseaux sociaux. C'est l'époque (septembre 2022) où la police tue, pour voile mal porté, Mahsa Amini, jeune Kurde dont la mort est à l'origine d'émeutes considérables et du mouvement « Femme, vie, liberté ». Rasoulof les évoque à travers une amie de Rezvan, blessée par les forces de l'ordre, et par l'insertion de vidéos issues de téléphones mobiles, lesquelles renforcent la puissance du drame. La disparition du pistolet paternel introduit-elle un surcroît de drame dans la trame politico-sociale, ou bien en est-elle la conséquence ? Deux ordres de violence sont à l'œuvre, le père finissant par soupçonner les siens, notamment ses filles, sa paranoïa recoupant celle du régime des mollahs : menacé de trois ans de prison et de déshonneur s'il ne restitue pas l'arme, il fait subir à ses filles, par les soins d'un collègue, un interrogatoire au cours duquel on leur bande les yeux, avant d'enfermer sa famille dans leur maison de campagne, laissant libre cours à une fureur inquisitrice dont la fin n'est pas sans évoquer celle du *Shining* de Kubrick. « Tu ne vois rien, tu es dans le système, tu veux le préserver », lance Rezvan à son père, qui lui répond que si le monde change, Allah, lui, ne change pas, alors même que les fêlures de la société s'accroissent dans l'injustice et les violences faites aux femmes, et que le régime réprime et exécute à tour de bras. Un film puissant et implacable, après lequel le réalisateur et ses actrices ont dû quitter l'Iran pour se réfugier en Europe ; un film qui rend dérisoires les rebelles subventionnés du cinéma européen et qui donne tout son sens à ce que déclarait récemment le cinéaste israélien Nadav Lapid à propos de tant de films occidentaux « trop sages face à un monde d'une folle sauvagerie ». C'est d'ailleurs un cinéaste israélien, Eran Riklis, qui a réalisé en 2024 *Lire Lolita à Téhéran* – le titre est tout un programme –, avec des acteurs iraniens, dont l'actrice franco-iranienne Golshifteh Farahani.

Moins ouvertement dramatique, mais tout aussi révélateur de la vie en Iran, au sein d'une famille de la classe moyenne, *Leila et ses frères* (2022), de Saeed Roustaee, cinéaste à qui on doit *La Loi de Téhéran* (2019) : cet éprouvant mais remarquable film policier évoque les rouages du trafic de drogue dans la capitale iranienne et se termine sur une pendaison collective. *Leila et ses frères* relève, lui, de la chronique sociale : Leila (Taraneh Alidoosti), trentenaire célibataire, vit en compagnie de ses frères et de ses parents dans le petit appartement paternel. Elle est la seule à avoir un emploi stable. Un de ses frères, marié et père de famille, survit en nettoyant des toilettes publiques ; un autre vient d'être mis au chômage par la faillite de l'usine qui l'employait ; le troisième est empêtré dans les magouilles d'un aigrefin. La crise économique, en partie due aux sanctions internationales contre l'Iran, a jeté la famille dans un déclassement social que Heshmat (Saeed Poursamimi), le père, arc-bouté sur des valeurs traditionnelles, refuse d'enrayer en donnant à ses fils les pièces d'or qui leur permettraient d'acquérir une boutique dans un centre commercial réputé ; il s'entête à devenir le parrain d'un cercle familial élargi : position aussi prestigieuse que dispendieuse, les pièces d'or devant être employées à un cadeau pour le fils d'un riche parent qui se marie. L'absurdité de la situation est un des ressorts dramatiques du film, le plus souvent tourné en intérieur. La famille est veillée par un écran de télévision qui diffuse aussi bien des matchs de catch que des déclarations de Trump influant sur le cours de l'or, et donc sur le destin de cette famille dont les éclats et les disputes rappellent les films du néoréalisme italien. Le poids de la tradition et celui du régime s'opposent, là encore, à l'évolution naturelle des mœurs. Un film assez long, mais qui a besoin de cette lenteur pour montrer le rôle prépondérant d'une jeune femme au milieu d'hommes à qui le bonheur « semble faire peur » : la lumineuse et courageuse Leila reste célibataire et n'hésite pas à bouleverser l'ordre familial au sein d'une société elle-même en crise, sous la chape d'un des pires régimes contemporains. À la sortie du film, le réalisateur et le producteur ont été arrêtés et condamnés à plusieurs mois de prison pour « propagande contre le système islamique ».

Musique
Mes « trois B »
Olivier Bellamy

L'admiration de Beethoven pour Bonaparte a parfois laissé croire que son *Concerto « Empereur »* était un hommage à Napoléon Ier. La similitude de tonalité (*mi* bémol majeur) entre la révolutionnaire *Symphonie héroïque* et son cinquième concerto pour piano induit cette idée pourtant absurde, car Beethoven s'est détaché du vainqueur d'Arcole quand celui-ci s'est couronné à Notre-Dame. L'œuvre n'est pas davantage dédiée à l'empereur d'Autriche. Le titre est apocryphe, il aurait été donné par un ami du compositeur, Johann Baptist Cramer, pianiste, éditeur et facteur d'instruments, vivant en Angleterre. Si le piano est le roi des instruments, alors ce concerto est l'empereur du genre. Voilà l'idée.

Napoléon entre bien toutefois dans l'histoire du concerto, car Beethoven travaillait dessus quand l'Autriche a déclaré la guerre à la

France et que la Grande Armée a marché sur Vienne. Fou de rage, Beethoven a écrit sur son manuscrit : « Que l'Autriche fasse payer Napoléon ! » Lors du bombardement de Vienne, en mai 1809, Beethoven a souffert des vibrations et s'est caché dans une cave. Sa surdité ne lui a pas épargné le terrible bruit du canon. Il n'est pas interdit de penser que la conjoncture guerrière a alimenté l'esprit « militaire » de l'œuvre.

Si le *Grand Concerto* est dédié à « Son Altesse Impériale l'archiduc d'Autriche », il ne faudrait pas y voir un geste politique. L'archiduc Rodolphe (pas celui de Mayerling) est l'un des mécènes les plus proches et les plus fidèles de Beethoven. Il est aussi son élève en piano et le seul à qui Beethoven a accepté de donner des leçons de composition. En outre, il est le dédicataire d'un nombre impressionnant de chefs-d'œuvre comme le *Quatrième Concerto*, le *Trio « Archiduc »*, la *Sonate « Hammerklavier »* ou la *Missa solemnis*.

Le titre d'*Empereur* a résisté au temps. Il lui va comme un gant. L'œuvre est pour grand orchestre, brillant, virtuose à souhait (trilles, gammes, arpèges…) et néanmoins original. Très développé, le premier mouvement commence par trois cadences successives. Le mouvement lent est un miracle. On a beau l'avoir entendu des milliers de fois, son pouvoir émotionnel ne faiblit pas. Il fait partie de ces morceaux de musique qui font croire à l'existence de Dieu.

Pour son dernier concert en tant que directeur musical de l'Orchestre français des jeunes, Michael Schønwandt a eu la bonne idée de choisir le *Concerto « Empereur »* et d'appeler Elisabeth Leonskaja en guise d'impératrice. Installée à Vienne, la pianiste géorgienne est aussi une professeure recherchée qui transmet sa flamme aux jeunes artistes. Si la dimension pédagogique est en filigrane de l'œuvre (le manuscrit original porte la trace des cours donnés par le compositeur à Rodolphe), elle n'apparaît nullement dans l'interprétation. Les instrumentistes ne sont plus des étudiants mais des musiciens accomplis. « Ouverts », ajoute le chef, « doués et motivés », renchérit la pianiste. En complément de programme, Elisabeth Leonskaja joue le *Quintette pour piano et vents* du jeune Beethoven avec le hautbois, la clarinette, le cor et le basson de l'orchestre. De même tonalité que le concerto, le quintette se place dans une perspective plus légère et souriante, mozartienne, en un mot (1).

Baptisé « Little B » par Horowitz, qui ne l'aimait pas, Johannes Brahms est l'héritier de Bach et Beethoven. Le reproche d'académisme a longtemps pesé sur son œuvre. Un article retentissant d'Arnold Schönberg, titré « Brahms, ce novateur », a rendu cette vision caduque. Brahms innove dans un cadre classique. Comme l'a écrit Milan Kundera : « Les innovations formelles des grands maîtres ont toujours quelque chose de discret ; telle est la vraie perfection ; c'est seulement chez les petits maîtres que la nouveauté veut se faire remarquer. » Pour interpréter les *Quatuors avec piano nos 2 et 3,* le pianiste Krystian Zimerman a choisi des partenaires qui sont d'excellents musiciens et non des stars : Maria Nowak (violon), Katarzyna Budnik (alto) et Yuya Okamoto (violoncelle) (2).

Le *Quatuor no 2 en la majeur* pâlit auprès de son frère aîné, le *Quatuor no 1 en sol mineur.* Le critique Hanslick, ami de Brahms, a qualifié ses thèmes de « secs et ennuyeux ». En lui accordant une attention passionnée, les quatre musiciens révèlent la fraîcheur de cette œuvre mal aimée. On y retrouve le combat intérieur entre l'ordre et le chaos propre au compositeur. On y décèle aussi une ambiguïté schubertienne.

Écrit quinze ans plus tard, le *Quatuor avec piano no 3* séduit dès les premières notes. Composé dans la tonalité beethovénienne d'*ut* mineur, il renferme une confession bouleversante qui lui vaudrait le sous-titre de Werther. Brahms a donné l'explication d'un passage agité (premier mouvement) à un ami : « Imagine un homme qui va se brûler la cervelle, car c'est pour lui l'unique solution. » Le compositeur revit en musique un pic de désespoir survenu lors de sa folle passion pour Clara Schumann.

En cette rentrée, mon troisième B n'est pas Bach, mais Bizet ! Et puisqu'il est question du chiffre trois, rappelons que le grand Georges est mort le 3 juin 1875, après la 33e représentation de sa *Carmen* à l'Opéra-Comique. La réduction des chiffres de sa date de mort (3 + 6 + 1 + 8 + 7 + 5) donne *trente,* c'est-à-dire *trois* (3 + 0). Or le fameux trio des cartes où Carmen chante « La mort… la mort, la mort » est la troisième scène de l'acte III. Vertiges de la numérologie.

Bien que l'ultime opéra de Bizet – écrit à Bougival, tout près de la villa Viardot – ait déplu à la salle Favart, il allait conquérir l'Europe grâce à Brahms. Jouant la partition à quatre mains avec Pauline Viardot, à Baden-Baden, il a immédiatement prévenu l'Opéra de Vienne qu'il s'agissait d'un chef-d'œuvre. Extraordinaire mélodiste, harmoniste raffiné, Bizet était en outre un pianiste accompli. Lorsqu'il l'a entendu, Liszt l'a jugé supérieur à lui.

On se régalera de l'intégrale des 63 mélodies – d'après des poèmes de Regnard, Hugo, Musset… – interprétées par Marianne Croux (soprano), Coline Dutilleul (mezzo), Cyrille Dubois (ténor), Guilhem Worms (baryton-basse), accompagnés au piano (Pleyel d'époque) par Luca Montebugnoli ou Edoardo Torbianelli (3). Le Palazzetto Bru Zane et les Amis de Georges Bizet s'associent à cette publication exemplaire qui nous vaut quelques inédits de jeunesse, quand son père le déclarait « petit par la taille mais grand par le savoir ». De même, malgré une courte vie, l'ombre laissée par Bizet ne cesse de s'accroître.

1. Ludwig van Beethoven, *Concerto n° 5 pour piano « Empereur »* et *Quintette pour piano et vents*, Elisabeth Leonskaja avec l'Orchestre français des jeunes, direction Michael Schønwandt, 1 CD, Warner Classics.
2. Johannes Brahms, *Piano Quartets nos 2 & 3*, Maria Nowak, Katarzyna Budnik, Yuya Okamoto, Krystian Zimerman, 1 CD, Deutsche Grammophon.
3. Georges Bizet, *Les Mélodies*, Cyrille Dubois, Marianne Croux, Coline Dutilleul, Guilhem Worms, Luca Montebugnoli, Edoardo Torbianelli, 3 CD, Harmonia Mundi.

Expositions

Art de la destruction ou destruction de l'art ?

Robert Kopp

La première des grandes expositions hors les murs du Centre Pompidou met en lumière trois figures emblématiques qui ont participé à sa création : Niki de Saint Phalle, Jean Tinguely et Pontus Hulten. Deux plasticiens d'une rare puissance, subvertissant de manière anarchiste toutes les normes établies, et un directeur de musée venu de Suède, qui les a installés au cœur du système, au point de faire d'eux des artistes officiels croulant sous les commandes. Bel exemple d'une récupération réussie, transformant la contestation de la société de consommation en élément de publicité. Non sans faire voler en éclats, chemin faisant, notre conception de l'art, mais en ouvrant, peut-être, la voie à de nouvelles approches.

Tout commence à Fribourg, en Suisse, où Jean Tinguely voit le jour, le 22 mai 1925, dans une famille ouvrière, catholique et francophone, qui, la même année, déménage à Bâle, cité protestante, où le jeune homme fera sa scolarité, en allemand. Deux villes auxquelles Tinguely restera attaché, en dépit de leur étroitesse, qu'il n'a cessé de dénoncer. C'est près de Fribourg, où, dans ses dernières années, il avait installé son principal atelier, qu'il a voulu être enterré, ses funérailles, en septembre 1991, organisées par lui-même, ayant donné lieu à une gigantesque fête populaire. Mais c'est à Bâle, dont il aimait le carnaval et la danse des morts, qu'en 1996 a été réalisé son projet de musée, avec l'aide de Niki et de Pontus, et grâce au mécénat de Maja et Paul Sacher, ainsi qu'à l'engagement de Roche, géant de l'industrie pharmaceutique bâloise, de préférence au projet d'un anti-musée, à Fribourg, dont il subsiste toutefois l'Espace Jean-Tinguely-Niki-de-Saint-Phalle.

À 16 ans, Tinguely entre chez Migros, une chaîne de grands magasins, pour apprendre le métier de décorateur étalagiste, et il suit des cours à l'École des arts et métiers, dont certains enseignants avaient été formés au Bauhaus. Renvoyé pour indiscipline, il poursuit son apprentissage auprès d'un décorateur indépendant, Joos Hutter, un élève d'Otto Meyer-Amden, autre artiste proche du Bauhaus. Apparaissent alors de petites sculptures en fil de fer forgé, introduisant un élément ironique dans l'univers du commerce.

En 1952, Tinguely et sa première épouse, Eva Aeppli, quittent Bâle pour Paris. Daniel Spoerri les aide à s'installer dans l'impasse Ronsin, non loin de Brancusi. Ils y sont rejoints par un autre Bâlois, le photographe Hansjörg Stoecklin, aussitôt chargé de documenter minutieusement leur travail. C'est l'époque des premières *Méta-mécaniques,* petits reliefs animés, qui font le bonheur de quelques jeunes galeristes, dont Jean-Robert Arnaud, par ailleurs directeur de la revue *Cimaise.* En 1955, Denise René expose Tinguely, Pol Bury et Yaacov Agam aux côtés de Duchamp et de Calder sous le titre « Le Mouvement », une référence. Quant à Iris Clert, elle fera connaître *Mes étoiles, concert pour sept peintures*, de menues constructions associant formes, sons et mouvements. C'est alors qu'il rencontre Pontus Hulten, auquel l'unira une amitié indéfectible, Tinguely représentant sans doute pour Pontus l'artiste qu'il aurait voulu être. C'est le moment, aussi, de l'arrivée dans l'espace Ronsin de Niki de Saint Phalle et son premier mari, Harry Mathews.

Suivent d'autres expositions, à Milan, en 1954, à Stockholm, en 1955, qui imposent l'art cinétique, renouant avec l'héritage des futuristes, de Dada et des constructivistes, comme la nouvelle mode. En octobre 1959, Tinguely participe à la première Biennale des jeunes artistes, lancée par Malraux. Il y présente sa *Méta-Matic nº 17*, une de ces machines qui non seulement émettent des sons et des odeurs, mais fabriquent du dessin au mètre, et que mettent en branle un moteur ou des spectateurs invités à pédaler : « Libérez-vous en créant vous-mêmes vos œuvres d'art », suggère un des tracts distribués à l'occasion. Pontus exulte, qui théorise la fin d'un art dont l'auteur serait l'artiste authentifiant l'œuvre par sa signature qui prévaut depuis la Renaissance. Quant à Tinguely, il demande que son invention soit protégée, non pas par le droit d'auteur, mais par un brevet (délivré par le ministère de l'Industrie).

Une autre *Méta-Matic* (modèle que les badauds actionnent moyennant un jeton) est exposée à la Galerie Clert. Il s'en vend près de 4 000. Parmi les visiteurs, Marcel Duchamp, Man Ray, Hans Hartung, Tristan Tzara, Marcel Marceau, Eugène Ionesco. Robert Doisneau réalise un reportage photo ; *Paris Match* raconte la visite de l'exposition par le comique américain Danny Kaye. Les *happenings* se succèdent, dont celui, très médiatisé, de l'Institute of Contemporary Arts, à Londres, au cours duquel deux cyclistes produisent à l'envi un kilomètre et demi de dessins.

Tout est désormais en place pour l'*Hommage à New York*, le 17 mars 1960, dans les jardins du MoMA : une énorme construction s'autodétruit en une demi-heure. L'événement, dont il reste un film accessible sur YouTube, fait la une de la presse new-yorkaise. Les restes calcinés de l'engin sont exposés dans plusieurs grands musées du monde.

Les médias s'arrachent Tinguely *superstar,* ainsi que Niki, devenue sa complice et sa compagne. Au début des années soixante, elle a fait parler d'elle par ses peintures à la carabine, les tirs faisant crever des poches de peinture fixées sur la toile et recouvertes de plâtre blanc. Souvenir du viol par son père quand elle avait 11 ans ?

En mars 1962, peu de temps avant la crise des missiles de Cuba, Jean et Niki mettent en scène, dans le désert du Nevada, devant les télévisions du monde entier, la fin du monde. « Voilà bien l'œuvre de fous qu'il faudrait enfermer », raille le quotidien russe *Izvestia*, traitant les artistes de produits types de la décadence de l'Occident. Il faudra attendre la perestroïka pour que des œuvres de Tinguely puissent être montrées à Moscou. En revanche, dès 1963, l'artiste est invité au Japon…

Désormais, les commandes s'enchaînent : *Eurêka*, en 1964, pour l'Exposition nationale suisse, à Lausanne (installée aujourd'hui au bord du lac de Zurich), *Hon en Katedral,* en 1966, pour le Moderna Museet de Stockholm, une nana géante dans laquelle le public pénètre par l'entrejambe (sculpture éphémère, dont il ne reste que des dessins, des photos, et la tête), *Le Paradis fantastique*, en 1967, pour le pavillon français de l'Exposition universelle de Montréal (conservé à Stockholm), *Rotozaza*, qui crache des balles que les visiteurs sont conviés à remettre dans une grande trompe (amusement proposé au Grand Palais), la *Fontaine du carnaval*, à Bâle, en 1977, financée par les magasins Migros (qui avaient mis à pied le jeune apprenti Tinguely). Et, la même année, pour le Centre Pompidou, *Le Crocrodrome de Zig & Puce*, gigantesque œuvre collective traversée par un train fantôme, par laquelle Pontus Hulten espérait mettre en condition le public pour une appréhension ludique et participative des œuvres d'art, et qu'il est prévu de réinstaller. Enfin, célèbre parmi toutes, la *fontaine Stravinsky,* près de l'Ircam, en 1983. Ultime consécration : les rétrospectives au Palazzo Grassi, à Turin et au Centre Pompidou en 1987-1988.

Impossible de documenter autrement que par des dessins et des photos les œuvres titanesques que sont *Le Cyclop*, à Milly-la-Forêt, auquel Tinguely, Niki et plusieurs de leurs amis ont travaillé par intermittence durant une vingtaine d'années, ou le jardin des Tarots, conçu par Niki, près de Grosseto, en Toscane. Impossible, aussi, de déplacer une des dernières œuvres de Tinguely, *Mengele – Danse macabre*, montée avec les vestiges d'une ferme qui avait brûlé dans les environs de son atelier à Fribourg, et où il avait trouvé les débris d'une machine agricole de la marque Mengele, du nom du sinistre médecin nazi. On se contentera de *L'Enfer, un petit début*, acheté en 1990 par le Centre Pompidou. Il nous donne un avant-goût de ce qui nous attend, tout en nous invitant à en rire.

NOTES DE LECTURE

LITTÉRATURE

L'Oreille absolue d'Agnès Desarthe, Éditions de l'Olivier, 137 p., 19,50 €

Agnès Desarthe semble avoir une prédilection pour les thèmes insolites : un phalanstère dans *Le Château des rentiers*, son précédent roman, et aujourd'hui un orchestre d'harmonie dans *L'Oreille absolue*. Nous sommes dans un petit village, à la veille de Noël. « Loupiotes entrelacées dans les branches des micocouliers, oursons translucides éclairés de l'intérieur et lutins au bonnet rouge clignotant ponctuent l'obscurité. » Des hommes, des femmes se préparent à un événement annuel : le concert à la salle des fêtes, qui est l'occasion pour tous de se retrouver. Il y a Madeline, dont le fils est dans le coma suite à un accident, Soren, qui conduisait la moto, Jacques, qui vient d'être licencié et se demande comment l'annoncer à son père, Goneril, divorcée deux fois et toujours en traitement pour un cancer, Dylan, qui a contracté une méningite et contre toute attente s'en est sorti, Matis, qui souffre d'un trouble de l'attention, Jocelyne, dont le fils est mort noyé. Il y a enfin Sonya, qui n'avait pas d'instrument lorsqu'elle était enfant et qui est devenue chef d'un orchestre dont les musiciens fabriquent eux-mêmes le leur. Instrumentistes ou simples spectateurs sont réunis dans la communion de la musique dont chacun sait qu'elle naît d'une nécessité, « celle de conjurer la tristesse des jours qui diminuent, du froid qui raidit les épaules, la lassitude des longs chemins déserts par les jours de grand vent, l'effroi d'anciens amants devenus mari et femme prisonniers du même toit et se haïssant, l'amertume du repas pris à dix-neuf heures trente, une seule assiette, un seul verre, la casserole à même la table, le dîner du veuf ou de l'enfant solitaire ». Tous sont là pour oublier l'espace d'une soirée ce qui fait leur quotidien. Cabossés par la vie, extraordinairement attachants, les personnages nous ressemblent. Certains musiciens ont l'oreille absolue. Certains écrivains aussi. Agnès Desarthe est de ceux-là. Tout sonne juste dans ce roman polyphonique, véritable ode à la musique. Pas une fausse note. Pas un mot de trop. Mais une fantaisie et une humanité qui sont la marque de cette écrivaine et vont droit au cœur du lecteur. **Alexandra Lemasson**

Par où entre la lumière de Joyce Maynard, traduit par Florence Lévy-Paoloni, Philippe Rey, 605 p., 22 €

Paru en 2021 et couronné du Grand Prix de littérature américaine, *Où vivaient les gens heureux* retraçait l'histoire d'une femme, Eleanor, jeune dessinatrice à succès, qui achetait une maison dans la campagne du New Hampshire, tombait amoureuse du séduisant kinésithérapeute Cam, l'épousait et avait trois enfants avec lui (Alison, Ursula, Toby), réalisant ainsi son rêve d'une famille heureuse au cœur de la nature… jusqu'à ce que son petit garçon manque de se noyer et en garde des séquelles cognitives. Ce premier livre courait sur une trentaine d'années, pendant lesquelles Eleanor et Cam divorçaient, pour se terminer sur l'annonce du cancer de Cam et de sa mort prochaine. « Je pourrais m'occuper de toi », concluait alors Eleanor à son ex-mari, sous-entendant qu'elle revenait s'installer dans la maison du New Hampshire, « où vivaient les gens heureux ». Quatre ans plus tard, voilà donc la suite : *Par où entre la lumière*. Et, malgré les drames vécus, elle trouve des interstices. Pour ne pas perdre ses lecteurs, Joyce Maynard procède par de fréquents retours en arrière sur les grands épisodes du livre précédent, tout en continuant l'histoire de là où elle l'avait arrêtée : l'annonce de la mort imminente de Cam. Le divorce est loin maintenant et, s'il n'y a plus de passion entre les anciens époux, il n'y a plus de colère. Avec le temps, l'héroïne de Joyce Maynard a appris qu'il est impossible de protéger ses enfants de tous les risques de la vie ; que l'on survit toujours à ce à quoi on pensait ne pas pouvoir survivre, comme l'infidélité de son mari avec la baby-sitter et la rupture avec un de ses enfants ; et que si la vie tient rarement ses promesses, elle en offre d'autres, inattendues : un nouvel amour à 60 ans, un fils handicapé qui va bien… « Elle sait à présent que l'histoire d'une famille est composée de nombreuses histoires, toutes détenant probablement une part de vérité, mais aucune ne la possédant tout entière. » Portrait d'une femme qui ressemble à l'auteure, roman bouleversant sur la fin des rancœurs et la réconciliation, *Par où entre la lumière* est de ces livres que l'on quitte à regret, comme une famille que l'on a tant aimée. **Isabelle Lortholary**

Comme en amour d'Alice Ferney, Actes Sud, 304 p., 22 €

Vingt-cinq ans après *La Conversation amoureuse*, l'experte en sentiments renoue avec l'un de ses thèmes favoris : les relations entre les hommes et les femmes. Ici, il s'agit de Cyril, écrivain et photographe, et de Marianne, styliste qui a bâti sa réputation en dessinant des sacs à main. Ils se rencontrent à l'occasion d'une présentation de ses dernières créations et le courant passe immédiatement, car « l'amitié aussi a ses coups de foudre, ses apparitions, ses révélations ». *Comme en amour* : le titre n'aurait pu être mieux choisi par Alice Ferney, qui dissèque, avec une précision d'horloger, les mouvements et les étapes de ce qui n'est, au fond, qu'une forme particulière d'amour : une amitié vraie entre personnes de sexes opposés, sans ambiguïté érotique, sincère et généreuse, mais non exempte d'exclusivité. « Se rencontrer », « se revoir vite », « se raconter », « se téléphoner sans arrêt », « ne pas tout se dire », « s'abandonner aux confidences », « tout entendre », « faire d'autres rencontres », « demander conseil »… et aussi « rester prudent », « trahir, mentir », « se heurter », « éviter l'explication », « attribuer les torts », « rompre », « se perdre de vue » : les chapitres, courts et denses, tirent leur force de dialogues naturels et spontanés, comme dans la vie. Et si l'on craint, au départ, que l'amour ou le désir sexuel viennent mettre à mal l'amitié des deux héros, Alice Ferney évite le cliché : c'est l'irruption d'une autre femme qui provoque la rupture amicale, de manière subtile et sans jalousie. Cette tierce personne va toutefois bouleverser le couple platonique que formaient Cyril et Marianne. « Sans surprise, les femmes eurent des conversations de femmes – on a beau dire le contraire, il en existe. À l'amitié s'ajoutait, et peu à peu s'opposait, la solidarité. » **Isabelle Lortholary**

Peau d'ourse de Grégory Le Floch, Seuil, 240 p., 20 €

« Si tu veux connaître ma vie, c'est ça : 16 ans, moche et village de merde. » Ainsi parle la narratrice de *Peau d'ourse*, une adolescente solitaire, appelée Mont-Perdu à cause de son surpoids et dont la vie dans un village des Pyrénées se déroule de façon sinistre entre une famille abrutie devant les émissions d'Hanouna et des chasseurs enfermés dans des traditions d'un autre âge – l'une d'elles consistant à se revêtir à chaque printemps d'une véritable peau d'ours et à se jeter sur les gens en poussant des cris.

Mont-Perdu a tout pour déplaire dans cette commune archaïque, en proie à l'exode. Elle ne s'habille pas comme une fille, préfère les joggings bien larges, fuit la compagnie des humains et… se découvre lesbienne. Après avoir révélé son attirance à une fille de son âge qui s'en plaint sur les réseaux sociaux, la chasse est ouverte et Mont-Perdu est harcelée par tout son village mais aussi, en ligne, par des centaines d'inconnus. C'est dans la montagne que l'adolescente trouve refuge ; Mont-Perdu se sent appartenir à cette nature sauvage. Si seulement elle pouvait y vivre éternellement : « Je rêve d'une grotte où me glisser et disparaître. Je serais bien là. Introuvable. Loin des humains. Et je couperais le lien avec eux, je le couperais grâce aux ciseaux énormes qui servent à tondre les moutons, et il n'y aurait plus rien entre nous. Comme si on était d'une espèce différente. Et je souligne une deuxième fois parce que je sens que c'est vraiment une idée de ouf. »

L'écriture de Grégory Le Floch révèle la violence bêtement humaine et, en contrepoint, les extases de son héroïne déclenchées dans la montagne. Parvenant à rendre le langage des jeunes d'aujourd'hui avec aisance, sans le caricaturer, l'auteur va puiser des miracles de poésie dans la nature qui opère comme une hallucination chez l'adolescente. Ainsi, Mont-Perdu respire l'« odeur de la montagne : une odeur bleu-vert, presque bouclée », s'oriente de plus en plus par son flair, fait corps avec les éléments biologiques et découvre que sa peau se recouvre progressivement de poils de bête… La métamorphose en ourse est en marche, pour sa survie.
Stéphanie Hochet

ESSAIS ET DOCUMENTS

Pourquoi les intellectuels se trompent de Samuel Fitoussi, L'Observatoire, 272 p., 22 €

On connaissait Samuel Fitoussi pour ses chroniques acides et ses traits d'esprit féroces sur l'époque. Le voici qui s'attaque à plus gros gibier avec ce *Pourquoi les intellectuels se trompent*. Disons-le d'emblée : c'est un livre salutaire ! L'entreprise, pourtant, a tout de périlleux. S'attaquer à nos clercs, dénoncer leurs compromissions successives, c'est risquer l'excommunication. Mais l'auteur s'en moque et il a bien raison de poser les vraies questions. Pourquoi les cerveaux les plus brillants se trompent-ils avec une telle application ? Pourquoi l'agilité mentale, loin de prémunir contre l'erreur, semble-t-elle parfois y conduire avec encore plus de certitude ? La réponse ne se fait pas attendre : l'intellectuel moderne se fourvoie parce qu'il le peut. Aucune sanction ne vient corriger ses divagations ni le rappeler à l'ordre du réel. Pire : l'erreur peut même être applaudie, pourvu qu'elle s'accorde avec l'air du temps. Souvent, l'érudit préférera s'égarer en bonne compagnie qu'avoir raison tout seul. C'est là la perversion ultime de la raison : elle se met au service de nos préjugés autant que de nos appartenances tribales. La vérité, semble-t-il, n'est que rarement son horizon naturel. Ne nous leurrons pas : cette enquête, aussi lucide soit-elle, risque d'être mal reçue par ceux-là mêmes qui devraient la lire avec le plus d'attention. Les mécanismes qu'elle décrit fonctionneront à plein régime pour en rejeter les conclusions. Une preuve que le polémiste a visé juste ? Cela va sans dire. Il y a, chez Fitoussi, quelque chose du meilleur de Revel : cette alliance rare entre la rigueur de l'analyse et le plaisir de la formule qui fait mouche. Quant aux références à la psychologie cognitive, loin d'alourdir le propos, elles l'éclairent d'une lumière crue. Si vous ne deviez lire qu'un essai cette année, choisissez celui-ci. Non parce qu'il vous confortera dans vos opinions – il risque au contraire de les bousculer. Mais parce qu'il vous fournira les armes nécessaires pour débusquer l'imposture, où qu'elle se terre, et s'y retrouver dans un monde où la vérité est devenue si subversive qu'il nous faut aujourd'hui une bravoure de téméraire pour simplement la dire. Ce courage-là vaut tous les éloges. On sait gré à Samuel Fitoussi de cette audace.

Ayrton Morice Kerneven

Drôle de justice de Jean-Marie Rouart, Albin Michel, 171 p., 14 €

Loué pour ses décisions ou soupçonné de protéger un ordre social établi, questionné de manière fictive ou vertement apostrophé, l'idéal de justice a de tout temps engagé l'homme dans des sentiers à hauts risques. Pensons à René Maran, l'auteur du roman *Batouala* (qui obtint le prix Goncourt en 1921), traîné dans la boue pour avoir le premier dénoncé les abus de l'administration coloniale en Afrique-Équatoriale française. Et pourtant, sans la brèche ouverte par René Maran, le courant de la négritude aurait-il vu le jour ? Gide se serait-il à son tour rendu au Congo et au Tchad pour rendre compte dans ses *Carnets de route* de ce qui s'y déroulait véritablement ?

Reconnaître ce que l'on doit à ses aînés, rappeler les sacrifices qui furent les leurs, voici la démarche à laquelle s'attelle Jean-Marie Rouart dans son dernier ouvrage, *Drôle de justice*. Dans ce texte hybride scindé en deux parties, l'académicien rend premièrement grâce en un chapelet personnel à des prises de risques décisives passées et présentes : de l'affaire Dominici à Gabrielle Russier, du procès de Jeanne d'Arc au massacre de Katyń.

Les écrivains ont leurs combats. Celui de Jean-Marie Rouart, ce fut l'affaire Omar Raddad – du nom de ce jardinier marocain jugé coupable du meurtre de Ghislaine Marchal en 1991.

Pour le faire disculper, Jean-Marie Rouart s'engagea aux côtés de Jacques Vergès, qui assurait alors sa défense. S'il publia deux livres d'enquêtes consacrés à cette affaire, c'est aujourd'hui sous une forme nouvelle que l'auteur l'aborde. En un vaudeville qui tient autant de *La Tête des autres* que des *Damnés*, le lecteur se trouve plongé dans le huis clos d'une maison bourgeoise où un employé en situation irrégulière est accusé d'avoir assassiné une petite fille. Parodie de justice glaçante et ubuesque, cette pantalonnade acide livre les coulisses et les rouages d'un système judiciaire corrompu, disculpant les véritables meurtriers au profit du facile bouc émissaire que représente la figure de l'étranger. Pédophilie supputée, adultère, magouilles politiques et pots-de-vin, le dramaturge nous donne à entendre qu'avant même la comparution de celui-ci devant la cour, les hautes sphères ont déjà jugé celui qu'elles souhaitent perdre. Ce vaudeville verse par bien des aspects dans le registre de la sotie – ce genre théâtral permettant de dénoncer ouvertement des injustices sans risquer l'assignement en justice. Si l'humour est la politesse du désespoir, l'ironie, comme le rappelait Jankélévitch, est une éthique. **Céline Laurens**

L'Âme du grégorien. Entretiens avec Louis-Marie Vigne de Xavier Accart, Les éditions du Cerf, 176 p., 18 €

Louis-Marie Vigne (1953-2022) fut le fondateur du Chœur grégorien de Paris, qui pendant de longues années proposa dans différentes paroisses parisiennes une liturgie où le chant traditionnel tenait un rôle de premier plan, soutenant le prêtre lors de la célébration de la messe ou aux offices du jour. À beaucoup, il est arrivé de le croiser et de l'écouter avec les membres de son équipe ou avec les chanteuses du Chœur grégorien de Paris-voix de femmes. Aujourd'hui rédacteur en chef du magazine *Prier* et auteur de plusieurs essais, Xavier Accart a eu la bonne idée de consigner les entretiens qu'il avait eus avec cet inlassable promoteur d'un type particulier de chant qui relie directement à l'âme. Alors que le concile Vatican II prévoyait une promotion du grégorien, celui-ci a été éclipsé les décennies suivantes. Si certains monastères ont maintenu la tradition vivante, il avait eu tendance à disparaître dans la pratique. C'est grâce à des esprits aussi persévérants que Louis-Marie Vigne qu'il a pu renaître dans les églises. Ces échanges sont l'occasion de découvrir un parcours musical – il a rencontré Olivier Messiaen – et une formation spirituelle (Marcel Jousse, Mircea Eliade, Louis Boyer). Vigne insiste sur le rôle de la mémoire : « Le chant mémorisé permet d'atteindre des parties de notre être que la volonté à elle seule ne peut atteindre. La mémoire agit tout le temps, même sans que nous en ayons conscience : elle travaille lorsque nous nous reposons. » École de la lenteur, ce chant est une spiritualité à part entière fondée sur l'Écriture sainte, des versets de psaumes et des prières millénaires. Un chapitre entier consacré au calendrier liturgique rappelle les grandes pièces du répertoire en fonction du temps (Avent, Noël, Carême, Pâques, etc.). Aux uns qui l'ont connu, ce livre de conversations rappellera la figure entreprenante de Louis-Marie Vigne ; aux autres, il offrira une porte d'entrée aux richesses de cet art qui plonge au plus profond de l'être et qui noue un dialogue fécond avec le silence. Jamais le grégorien n'a été aussi présent. Sans doute faut-il y voir une endurance dans l'action de Louis-Marie Vigne. Sa perpétuation constitue un ancrage dans un monde livré à l'instabilité et au chaos.

Charles Ficat

Wolfgang Amadeus Mozart de Jean-François Phelizon, E&N/Nuvis, 2 tomes, 654 p. et 726 p., 29 € chacun

Vous pensez vraisemblablement avoir tout lu, tout vu et tout entendu sur Mozart. Détrompez-vous : une somme vient de paraître sur Wolfgang Amadeus Mozart, qui donne du maître une vision multidimensionnelle, ne laisse aucun angle de sa vie dans l'ombre et le suit pas à pas de 1756 à 1791, les trente-cinq ans de sa vie fulgurante. Elle est le fruit du travail de plusieurs années de Jean-François Phelizon, grand mélomane et producteur de concerts classiques, auteur de plusieurs ouvrages de référence sur la finance, la stratégie et la musique, et dont le projet était de donner à voir Mozart dans sa globalité : les différentes étapes de son existence, sa personnalité, sa famille, son environnement à Salzbourg et à Vienne, ses voyages en Europe, ses relations avec les autorités de son temps, à commencer par les empereurs d'Autriche qu'il a connus, ses contacts dans les milieux musicaux, ses influences musicales, les incidences de l'histoire européenne de la deuxième moitié du XVIIIe siècle sur son parcours…

Après 1 380 pages tournées, annexes comprises, il est certain que votre vision de Mozart en ressortira complétée, enrichie et encore plus admirative de son œuvre construite malgré tant d'obstacles, heureusement bousculés par le génie. On est avec Mozart dans la diligence qui le conduit à Paris, on accompagne son entrée à Versailles, on le suit à Prague, à Londres et à Berlin, on le retrouve en Italie, on est là lors de sa rencontre avec Constance, on partage son impatience d'obtenir un poste à la hauteur de son exigence, on l'observe en compagnie de Joseph Haydn, un ami en soutien permanent, on partage son enthousiasme à travailler avec Lorenzo Da Ponte à l'écriture de ses sublimes opéras, on entend Salieri l'applaudir, on souffre des désaccords qui se creusent avec son père et de la mort de sa mère, à ses côtés lors de son deuxième voyage à Paris, on va du bonheur sans partage de son mariage avec Constance aux angoisses d'un quotidien où la recherche de ressources supplémentaires devient une obsession... Rien n'échappe à Jean-François Phelizon pour donner corps à l'immensité du personnage, ses moments glorieux et ses échecs, ses grandes joies et ses malheurs. Les documents, souvent peu connus, retrouvés par l'auteur illustrent les séquences du livre et subliment cette impression de suivre Mozart au jour le jour, notamment au travers de sa correspondance. Et maintenant, courons réentendre la musique enchantée de Mozart.

Thierry Moulonguet

De la Comédie-Française au Carmel : la vocation de Marie-Jeanne Gautier au siècle des Lumières de Heather Krasker, Honoré Champion, 540 p., 75 €

Heather Krasker nous entraîne, par son souci d'exhaustivité et sa vivacité éloquente, dans le siècle des Lumières, sur les pas de Marie-Jeanne Gautier (1692-1757), une actrice de la Comédie-Française devenue religieuse au Carmel. Nous découvrons cette comédienne au tempérament de feu, entourée de prétendants, concurrente d'Adrienne Lecouvreur, capable de boire plusieurs bouteilles de champagne sans chanceler, de rouler une assiette d'argent par la force de ses doigts, de défier les hommes à la lutte, de renverser un carrosse pour se venger... Une femme de caractère, indépendante, et bien résolue à ne pas renoncer à ses plaisirs « avant l'âge de 45 ans ». Cependant, le jour de ses 30 ans, Marie-Jeanne Gautier se rend à la messe, chose tout à fait contraire à son habitude. Elle y fait l'expérience d'une révolution intérieure, qui la pousse peu à peu à se retirer du monde puis à entrer au carmel de Lyon, sous le nom de sœur Augustine de la Miséricorde. Elle devient carmélite, alors que les religieuses ne lui avaient inspiré qu'un profond dégoût, et qu'elle les avait même « haïes mortellement ». Ce changement radical marque un retournement plus qu'une rupture, et se pose en symétrie de son passé de comédienne. Elle passe ainsi d'une existence mondaine, baignée de lumière mais hantée par la sombre menace de la damnation, à une vie obscure dans une cellule éclairée par la lumière intérieure que nourrit sa recherche de l'Époux. Par ses écrits qui n'étaient pas destinés à la publication, nous pouvons entrevoir son univers au couvent. Nous y découvrons Augustine, repentante acharnée, se sentant au monastère comme une « corneille souillée au milieu d'un colombier ».

L'ancienne comédienne pouvait animer le quotidien de sa communauté en composant d'étonnants cantiques spirituels sur des airs de vaudeville. Sa vie claustrale ne l'extrait pas de son époque ; elle garde des liens étroits avec des personnalités de son temps, notamment avec la reine de France, et elle répond avec fermeté à des académiciens. Heather Krasker ne se limite pas à la biographie d'une figure romanesque injustement oubliée. À travers Augustine, elle opère une étude perçante de la condition de la femme cloîtrée au siècle des Lumières. **Quitterie de La Teyssonnière**

Un été en mer de Simonetta Greggio et Olivier Weber, Actes Sud, 288 p., 22 €

Comme l'indique le sous-titre, *Un été en mer* est l'histoire d'un « voyage en Pelagos, sanctuaire de la Méditerranée ». C'est son acception anglaise qu'il faut donner ici au mot « sanctuaire », traduction littérale de *sanctuary*, « réserve naturelle ». Deux écrivains, Simonetta Greggio et Olivier Weber, racontent en alternance leur expérience au cœur d'une aire maritime qui s'étend, autour de la Corse, du cap nord de la Sardaigne jusqu'aux îles d'Hyères et, à l'est, jusqu'à l'île d'Elbe. Depuis 1999, cette zone quadrangulaire de 87 000 km^2, riche en plancton, fait l'objet d'un accord entre l'Italie, Monaco et la France pour la protection des mammifères marins. Les deux écrivains ont profité d'un été pour sillonner la plate-forme écologique d'avant-garde que constitue Pelagos aux côtés de ses principaux acteurs, éthologues, cétologues, océanologues, écophysiologues, apnéistes ou chercheurs-plongeurs sous-marins. Ces scientifiques les ont informés sur l'évolution et la reproduction d'animaux protégés – cétacés (dauphins, cachalots, rorquals, baleines), requins, raies mobula, tortues caouannes et oiseaux de mer, outre le corail et la flore – dans des enclaves restaurées avec soin, telles que des fermes maritimes et des pépinières coralliennes : 800 espèces animales et 600 espèces végétales dont 34 endémiques ont été répertoriées dans Pelagos. La plupart sont toujours menacées. La navigation (fréquentes collisions avec des bateaux dont la vitesse de croisière est trop élevée), la surpêche, les filets et autres « engins fantômes » à la dérive, parmi une pléthore de détritus toxiques, l'acidification des océans et la pollution sonore ont contribué à leur raréfaction, sinon à leur disparition, dans la Mare nostrum.

Instructifs et pédagogiques, Simonetta Greggio et Olivier Weber évoquent les vicissitudes de ces ressources halieutiques et l'ambiance qui règne à bord des embarcations scientifiques. Ils retracent les parcours singuliers de leurs interlocuteurs et nous expliquent sur quoi se fonde leur sacerdoce au sein de cette réserve en mer ouverte. Dévoués à la sauvegarde de l'écosystème, ces hérauts modernes nous mettent en garde contre la très mauvaise pente sur laquelle s'engage l'anthropocène, à savoir l'ère où l'humanité s'impose depuis deux siècles et dont l'impact nocif sur la biodiversité de la planète n'a cessé de croître. **Lucien d'Azay**

Vivre la forêt sous la coordination de Jacques Tassin, Odile Jacob, 288 p., 24,90 €

Quelque vingt-cinq scientifiques, tous membres du Centre de coopération internationale en recherche agronomique pour le développement (Cirad), ont participé à la rédaction de cet essai, à raison d'un chapitre chacun en moyenne, sous la direction de Jacques Tassin, chercheur en écologie forestière. Scrupuleusement écrit avec un esprit de synthèse, plus intéressant que les minutes d'un colloque académique, *Vivre la forêt* s'interroge sur les rapports conflictuels que l'humanité entretient avec cet écosystème, « entité polysémique, diverse, protéiforme » et refuge de la biodiversité.
Le cœur du problème est la future viabilité de l'« écoumène », autrement dit de l'ensemble des terres habitées ou exploitées par l'homme, s'il ne respecte pas davantage l'espace forestier qu'il soumet, depuis la nuit des temps, à maintes formes de déterritorialisation. Cette interrogation se fonde sur un constat, étayé par des statistiques récentes, qui ne surprend personne : de plus en plus mortifères, l'économie libérale et le dérèglement climatique qui en est le corollaire n'ont fait qu'accuser la dégradation forestière (pullulation des ravageurs, sécheresses plus longues, tempêtes plus fortes et plus fréquentes, etc.). Les auteurs avancent l'idée que des sociétés humaines qui s'inspireraient en partie du fonctionnement des forêts pourraient avoir une plus grande chance de survie. La création de « complexes socio-agroforestiers » est une planche de salut pour l'humanité.
Dans sa préface, Alexis Jenni, cofondateur du Prix du roman d'écologie et partisan de la pensée de John Muir, l'éminent naturaliste américain d'origine écossaise, auquel il a consacré un livre (*J'aurais pu devenir millionnaire, j'ai choisi d'être vagabond*, Paulsen, 2020), souligne la nécessité d'imaginer un nouvel urbanisme qui tienne compte des forêts pour qu'un monde de huit milliards d'êtres humains reste vivable. Grâce à la forêt, sa matrice première, *Homo sapiens* pourra redonner un sens à sa vie avant que la planète ne soit détruite par l'impact d'activités industrielles plus dommageables que les phénomènes géologiques naturels.
Aussi ce livre propose-t-il d'établir un pacte de solidarité entre anthroposphère et sylvosphère. La multiplication des « métissages anthroposylvestres », comme l'agroforesterie, « forme d'intégration de l'arbre à la production agricole et à l'élevage », favorisera la compatibilité entre les êtres humains et la forêt qui les entoure. **Lucien d'Azay**

Le Conseil national de la Résistance. Un programme fondateur sous la direction de Claire Andrieu, Gallimard, « Folio Histoire », 336 p., 9,50 €

Organe unifié de la résistance au régime de Vichy et à l'oppresseur nazi, le Conseil national de la Résistance est créé à Paris en 1943. Ces dernières années, il a été brandi comme un étendard par différentes figures de notre classe politique. Son sigle (CNR) a même été choisi non sans esprit de récupération pour désigner un Conseil national de la refondation créé en 2022 par le président Macron. Trois ans plus tard, la France attend toujours de savoir quand ce comité Théodule donnera à voir un chemin vers le futur. Le vrai CNR avait une caractéristique inédite, il « reposait sur une forme d'unanimité nationale, allant de l'extrême gauche à la droite ». Il n'a pas de précédent dans la vie politique française. Pour l'historienne Claire Andrieu, coordinatrice d'un livre collectif sur le programme du CNR, qui est une excellente synthèse élargie en outre aux cas d'autres pays, il forme un « rassemblement impalpable de croyances et d'intérêts » composé des « organisations de résistance, de centrales syndicales et des partis ou tendances politiques groupés *[en son]* sein ». Cette assemblée fut la seule de notre histoire à avoir été clandestine. Neuf mois de négociations ont abouti au fameux « programme d'action de la Résistance », adopté à l'unanimité le 15 mars 1944 en assemblée plénière. Une unanimité que tous ses membres avaient voulue. L'unité faisait partie intrinsèque du travail résistant.

Son héritage est très présent. Nos contemporains savent-ils ce que nous devons à ce texte voué à dessiner les « jours plus heureux » d'une « République nouvelle qui balaiera le régime de basse réaction instauré par Vichy et qui rendra aux institutions démocratiques et populaires l'efficacité que leur avaient fait perdre les entreprises de corruption et de trahison qui ont précédé la capitulation » ? Les comités d'entreprise, la nationalisation des transports aériens, de la Banque de France, de l'électricité, ou la généralisation de la Sécurité sociale figuraient parmi les réformes de structure définies dans la seconde partie du programme (« Mesures à appliquer pour la libération du territoire ») puis décidées entre 1944 et 1946. Toutes ces mesures ont été forgées par une culture du compromis qui animait des hommes habités à une heure tragique par un sens des responsabilités. Nos acteurs politiques feraient bien d'en prendre de la graine et de s'imprégner de ce livre qui serre le cœur sous des dehors sérieux.

Olivier Cariguel

Miniatures & pointes sèches de Nathalie de Baudry d'Asson, Éditions La Trace, 166 p., 20 €

N'y aurait-il pas un brin de malice dans le choix de Nathalie de Baudry d'Asson du titre *Miniatures & pointes sèches* ? À première vue, on y décèle une manière singulière de présenter au lecteur son premier livre, fait de récits à l'inspiration féminine affichée, pour celle qui dirigea la *Revue des Deux Mondes* puis les maisons d'édition universitaires et professionnelles de Vivendi Universal Publishing, Editis et Hachette Livre. Dans un genre qui n'admet pas la digression, ses miniatures sont de brefs portraits tirés de la vie, sinon des récits sur les hasards et les circonstances qui façonnent le destin, et sur la capacité qu'ont les femmes de s'y acclimater. Il semble évident que leur

auteure a pris un grand plaisir à raconter, comme elle l'annonce dès la première page, toutes ces « histoires du courage, de la folie, et de l'amour des femmes », qui sont « toutes vraies ! ». Mais aussi à y entremêler l'autobiographique. Pourtant, l'essentiel n'est pas là. Il est dans les éclats de sensualité qui traversent une écriture classique, faussement sage. Il est dans la finesse d'observation et dans l'humour tendre ou corrosif qui surgit, l'air de rien, au tournant d'une phrase, au détour d'une page, ou qui s'enchaîne d'une histoire à l'autre, nous faisant aller de surprise en surprise. Il est enfin dans l'envie que fait naître ce livre, joliment préfacé par Marc Lambron, de lire les prochains.
Eryck de Rubercy

Faut-il brûler Averroès ? de Thierry Fabre, Riveneuve, 78 p., 9,50 €

Il y a chez Thierry Fabre quelque chose de la vigie, du veilleur, du promeneur bienveillant qui arpente les rivages tandis que le monde se tait. Lui reste attentif aux murmures, aux échos anciens que la mer, parfois, restitue. Ce qu'il cherche, ce n'est ni le fracas ni la prophétie : c'est une mémoire. Il observe l'horizon pour y retrouver ce que notre époque cherche à renier : héritages métissés, pensées exilées, voix venues d'Andalousie, du Levant, d'un Sud méditerranéen relégué au silence. Ici, il revient avec une question – qui renvoie à Giordano Bruno et à l'obscurantisme de l'Inquisition : *Faut-il brûler Averroès ?* Elle convoque les bûchers et cette tentation de juger la pensée à l'aune de l'ailleurs, de la langue, de la religion. Averroès, passeur entre l'islam et l'Occident, commentateur d'Aristote, devient moins un sujet qu'un symptôme : notre difficulté à penser l'altérité, la complexité, le legs arabe dans l'universel.

Son livre nous met face à ce que nos crispations font au tissu vivant de la culture. Il tend une parole, un fragment d'histoire – pour rappeler que le feu éclaire autant qu'il consume.

Ce n'est pas le bûcher qui l'intéresse, mais le bois dont il est fait : la peur, l'ignorance, la rage qui détruit. Le nom d'Averroès remonte alors à la surface. Ce philosophe andalou du XIIe siècle, traducteur d'Aristote, lien entre Bagdad et Tolède, entre Cordoue et Paris, est un métèque, un vagabond de la pensée, qui relie, qui marie, qui préfère la connaissance à la colère. Pourtant, Fabre ne le sanctifie pas. Il prévient que le rejeter, c'est brûler en nous ce qui fait pont entre l'Europe et l'islam. C'est renoncer à une pensée qui voyageait sans visa.

Oui, l'époque est difficile et les hommes sont féroces. La France tangue, vacille. Elle est saisie d'un vertige identitaire. La démocratie semble fatiguée d'elle-même. Alors l'auteur écoute les replis, les silences qui enferment. Il voit la politique devenir théâtre jusqu'à parfois se transformer en menace.

Dans ce climat saturé, il entend remonter le cri d'un nationalisme ancien. Une France rêvée comme citadelle, repliée sur ses clochers, ses frontières. La mémoire devient exclusion. Elle oublie que toute culture est mouvement, altération. Fabre appelle une mémoration plus généreuse, consciente de ses fractures. Il pense la culture comme relation. Loin des racines uniques, il préfère le rhizome, car toute culture qui se ferme s'asphyxie. Et après tout, penser la démocratie comme un lieu d'hospitalité, ouvrir le politique à l'inconnu de l'autre, ne serait-ce pas là une chance inestimable pour nous ? **Vincent Hein**

REVUES

Critique. « Frontières du noir », Éditions de Minuit, juin-juillet 2025, 224 p., 18,50 €

Alors que le 80e anniversaire du lancement de la célèbre collection « Série noire » chez Gallimard suscite une salve de manifestations, la revue *Critique* a choisi de revenir sur ce genre qui continue non seulement de passionner le public, mais aussi d'évoluer. Varié, éclectique, surprenant, le sommaire conçu par Marc Cerisuelo et Benoît Tadié couvre différents champs. Le cinéma, bien sûr, qui a donné ses lettres de noblesse au « noir », est mis à l'honneur. De façon provocante, Marc Cerisuelo revient sur les années 1967-1970 de Truffaut, qu'il considère comme son apogée – pas sûr que tous les amateurs du cinéaste approuvent ce jugement, mais le critique cherche à défendre son point de vue : *La Mariée était en noir* et *La Sirène du Mississipi* sont des adaptations de deux romans de Cornell Woolrich/William Irish. On découvrira également comment les écrivains Jean Vautrin et Jean-Patrick Manchette ont pu collaborer avec Belmondo et Delon, qui l'un et l'autre ont voulu respectivement s'attacher leurs talents. Natacha Levet, quant à elle, revient sur les mutations de la catégorie depuis 1980. Avec clarté, pédagogie et une grande maîtrise du sujet, elle dégage les nouvelles lignes de force, rappelle les collections marquantes et les auteurs qui ont percé – elle a par ailleurs publié un essai remarqué, *Le Roman noir. Une histoire française* (PUF, 2024). D'autres auteurs pionniers ne sont pas oubliés : Léo Malet, qui, selon Caroline Julliot, avec *120, rue de la Gare*, le premier épisode du célèbre Nestor Burma, inaugure le roman à la française, en prolongeant le style « *hard-boiled* » ; ou Francis Carco, dont les descentes dans les différents bas-fonds de la capitale participent de la mythologie de cette famille, nous rappelle Vincent Platini ; quant à Jean-Pierre Naugrette, il se penche sur Dickens et ses atmosphères brumeuses. Autant dire que les frontières de ce territoire sont ici repoussées au plus loin – jusqu'au Japon ! – et que la richesse de ce monde ressort avec évidence. Loin d'être une catégorie mineure ou secondaire, le noir est désormais partie prenante d'une culture classique, et ce numéro spécial aux couleurs emblématiques l'illustre sous tous ses aspects. **Charles Ficat**

REVUE
DES DEUX
MONDES

97, rue de Lille, 75007 Paris
Tél. 01 47 53 61 50
N° ISSN : 0750-9278
www.revuedesdeuxmondes.com

Rédaction
Directrice **Aurélie Julia**
ajulia@revuedesdeuxmondes.fr
Secrétaire de rédaction **Caroline Meffre**
cmeffre@revuedesdeuxmondes.fr
Révision **Adrien Pearron**

Communication, partenariats, publicité
Responsable du développement et des partenariats
Marie Pagezy
mpagezy@revuedesdeuxmondes.fr

Relations presse et éditeurs
Claudine Wéry
Tél. 01 47 53 61 55
cwery@revuedesdeuxmondes.fr

Société éditrice
La Revue des Deux Mondes est éditée par la Société de la Revue des Deux Mondes SNC au capital de 2 545 074 euros.

Principal actionnaire
Groupe Fimalac

Directeur de la publication
Thierry Moulonguet

Conseiller de la présidence
Franz-Olivier Giesbert

Abonnements
(9 numéros par an format papier + numérique)
France 1 an › 89 euros – 2 ans › 165 euros
Abonnement étudiant 1 an › 65 euros
Étranger 1 an › 129 euros

Service des abonnements
En ligne : https://boutique.revuedesdeuxmondes.fr

Par courrier :
Revue des Deux Mondes
20, rue Rouget-de-Lisle
92130 Issy-les-Moulineaux
Tél. 01 44 70 14 71
abonnement@revuedesdeuxmondes.fr

Vente au numéro
Disponible chez les principaux libraires (diffusion Humensis, renseignements **Andrés Morales** 01 54 42 84 82, andres.morales@humensis.com, distribution Union Distribution) et marchands de journaux. Renseignements vente au numéro **Gilles Marti** 01 40 54 12 19, gilles.marti@valmonde.fr.
Ce numéro comprend un bulletin d'abonnement broché entre les pages 128 et 129.

Crédits Couverture, © JF PAGA ; illustration p. 7, © Urbs.

Imprimé en France par CORLET Imprimeur avec des encres à base végétale SUN CHEMICAL sur du papier issu de forêts gérées durablement et façonné avec des colles HENKEL à base de matériaux renouvelables.

Commission paritaire : n° 0329D81194

Certifié PEFC
Ce produit est issu de forêts gérées durablement et de sources contrôlées
PEFC
10-31-1510
www.pefc-france.org

FABRIQUÉ EN FRANCE
IMPRIM'VERT
Votre imprimeur agit pour l'environnement